Die schönsten Kegelspiele

Matthias Mala

D̲ie schönsten K̲egelspiele

69 K̲egelspiele
auf der B̲ahn, im G̲arten und Z̲uhause

Inhalt

Freizeitkegeln................ 6

Regeln und Gepflogenheiten......... 7

Vom Keglerlatein............... 12
   Das Kegelbild................ 12
   Die Keglersprache............. 13
   Was Sie noch wissen sollten...... 15

Standardspiele................ 16
   Das Grundspiel............... 16
   In die Vollen................. 17
   Das Abräumspiel.............. 17
   Stammkegeln 17
   Lübeckern................... 18
   Das Ulmer Spiel 20
   Das Schwedenspiel 21
   Das Kammspiel 22
   Tag und Nacht................ 23

Spiele in die Vollen............. 24
   Hamburger Herz.............. 24
   Kettenkegeln 25
   Aus dem Kreis werfen 26
   Spekulation 27
   Rausschmeißer 28
   Vorsicht – Falle! 29
   Acht auf der Schneide 30
   Plusminus 30
   Das Jagdspiel................ 31
   Saukegeln 32
   Jahreszahl 33

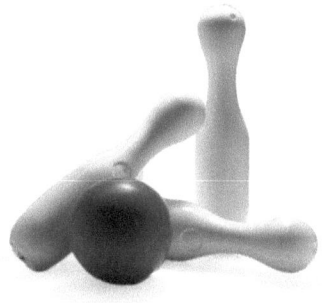

Inhalt

Abräumspiele 34
  Holz und Wurf. 34
  Sargkegeln 35
  Wunschzahl 36
  Hausnummer abräumen 36
  Abzählen 38
  Knast 38
  Hürdenlauf 39
  Spitz, bleib stehen 40
  Palastwache 40
  Verkehrtes Abräumen 42
  Hochzeit 44
  Aufstellen 45
  Treppenwurf 46
  Neun abstreichen 46

Bilderkegeln 47
  Bilderwerfen 47
  Würfeln 48
  Fünfer werfen 50
  Tutti frutti 52
  Eisbärenjagd 53
  Kopierladen 54
  Olympische Ringe 54
  Hohle Gassen 56
  Holz rauswerfen 57
  Anker werfen 58
  Damenwurf 58

Mannschafts- und Partnerspiele 60
  Rotschwanz 60
  Zwillingswerfen 61
  Ein mal zwei 62
  Echternacher Springprozession 63
  Staffelkampf 63
  Magisches Quadrat 64
  Raubritterei 65
  Aufdrängen 66
  Das Pyramidenspiel 66
  Vorlegen 67

Kegeln in Haus und Garten 68
  Tischkegelspiele 68
  Kombinationsspiel 69
  Mannschaftsspiel 70
  Baumelschub 71
  Gartenkegeln 72
  Kegelwerfen 72
  Die schlesische Partie 73
  Das Fünferspiel 74
  Ballkegeln 74
  Staffellauf 75
  Das Kaiserspiel 76
  Kegeljunge 75
  Tandemkegeln 77
  König schlagen 78

Adressen 79

Freizeitkegeln

Die Vorstellung vom Kegelabend als Treffen einer Herrenrunde graumelierter Kegelbrüder mag zwar noch in manchen Köpfen stecken, die Wirklichkeit sieht indes ganz anders aus. Man muss schon lange suchen, um noch die bierselige Altherrenrunde zu finden, die so oft als Karikatur der Kegler herhalten musste.

Heute ist Kegeln in der Tat ein Freizeitvergnügen für Jung und Alt beiderlei Geschlechts, und so mancher Kegelnachmittag gestaltet sich als fideles Familientreffen mit Freunden, Kindern und Bekannten. Auch müssen Sie sich längst nicht mehr in einem Kegelklub organisieren, um eine Kegelbahn benutzen zu dürfen. Bei den vielfältigen Angeboten heute ist es kein Problem mehr, quasi aus einer Laune heraus eine Runde zu kegeln.

Diesen veränderten Gegebenheiten habe ich dieses Buch angepasst. Es soll vor allem den Freizeitkegler, den Gelegenheitskegler und die Familien ansprechen. Dementsprechend habe ich die Spiele ausgewählt und beschrieben. Aus dem gleichen Grund habe ich auch ein Kapitel dem Kegelspiel in Haus und Garten gewidmet.

Gleichwohl hält dieses Buch mit einer Reihe von neuen Spielideen auch für den erfahrenen »Kegelbruder« so manches Schmankerl bereit. Und wenn Sie darüber hinaus neben der Freude am Kegeln auch Ihre Leidenschaft für dieses Spiel entdecken, steht Ihnen die Tür zu den Vereinigungen der Sportkegler jederzeit offen. Hier können Sie neben der sportlichen Betätigung auch Freunde in aller Herren Länder gewinnen, schließlich sind im Weltverband des Kegelsports (World Ninepin Bowling Association) 24 nationale Verbände vereinigt, davon zwei aus Südamerika.

In diesem Sinne allen Kegelschwestern und Kegelbrüdern ein dreifach »Gut Holz«.

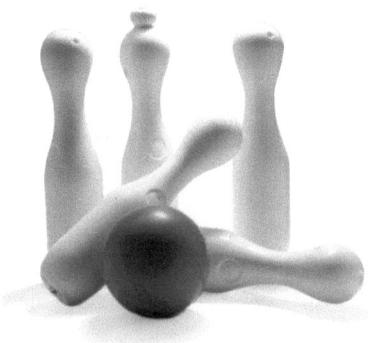

Regeln und Gepflogenheiten

Die nachstehenden Spielempfehlungen entsprechen den allgemeinen Gepflogenheiten auf der Bahn; sie sind jedoch nicht identisch mit den Regeln, die der Weltverband des Kegelsports für seine Mitglieder aufgestellt hat.

Die Kegelbahnen

Je nach Region gebietet es der Brauch, dass auf einer typischen Bahn gekegelt wird. Grundsätzlich unterscheidet man drei verschiedene Bahnen, und zwar:

▶ **Asphaltbahnen**: überwiegend in Süd- und Ostdeutschland. Die spiegelglatte Kugellauffläche besteht aus Asphalt oder Kunststoff. Die Bahn besitzt keine Neigung.
▶ **Bohlenbahn**: überwiegend in der Küstenregion sowie noch in Dänemark und Polen. Die Kugellauffläche ist gekehlt und die Bahn besitzt eine leichte Steigung. Da *Abräumspiele* hierauf nur eingeschränkt möglich sind, wird vornehmlich *in die Vollen* gekegelt.
▶ **Scherenbahn**: überwiegend im nördlichen Westen Deutschlands. Die Lauffläche ist zwar gleichfalls gekehlt, öffnet sich jedoch scherenartig zur Platte hin. Die Bahn verfügt ebenfalls über eine leichte Steigung.

Die meisten Kegelbahnen sind heute automatisiert, das heißt die Kegel werden durch Automaten aufgestellt und der Kugelrücklauf erfolgt ebenfalls selbsttätig. Durch diese automatische Aufstellung wird insbesondere das *Bilderkegeln* erleichtert.
Werden zwei Bahnen durch einen einzigen Kugelrücklauf versorgt, spricht man von *Doppelbahn*, ansonsten von *Einzelbahn*. Für Mannschaftsspiele werden mit Vorliebe Doppelbahnen belegt.

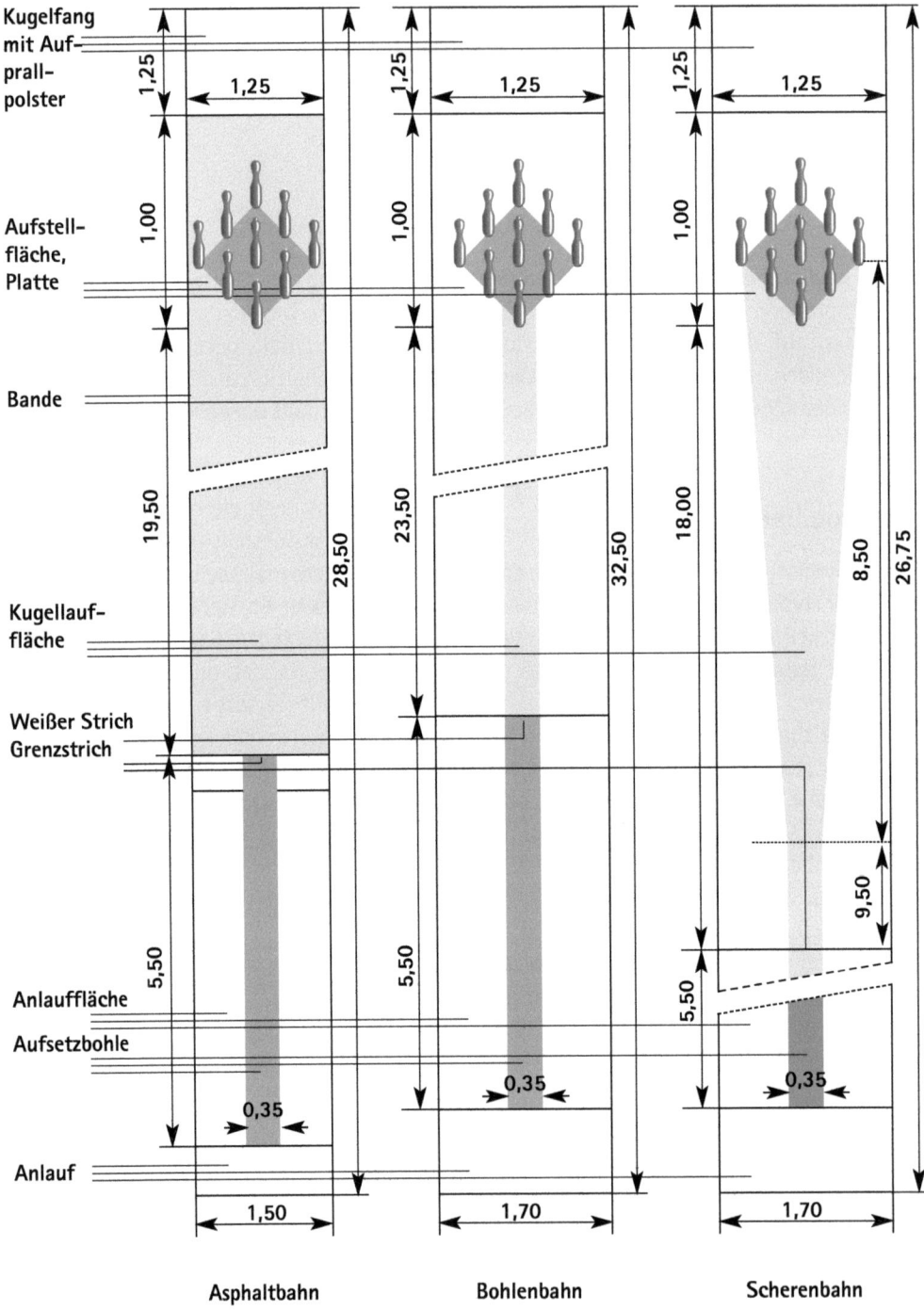

Der richtige Wurf

Die Kugel wird eigentlich nicht geworfen, sondern vielmehr geschoben. Trotzdem hat es sich durchgesetzt, nicht nur den Begriff *Schub/schieben*, sondern auch die Bezeichnung *Wurf/werfen* zu verwenden.

Wie Sie eine Kugel am besten werfen, darüber gibt es bei den Sportkeglern unterschiedliche Ansichten und hier wie dort Erfolge und Misserfolge. Für Sie als Freizeitkegler sind solche Überlegungen meist müßig, Sie schieben die Kugel nach Gefühl und Können, gleichwohl müssen Sie einige Gepflogenheiten beachten:

▶ Ein Spieler darf die Bahn nicht betreten. Sie ist von der *Anlauffläche* durch einen weißen Strich getrennt. Wird der *weiße Strich* übertreten, ist der Wurf ungültig (Nullwurf).

▶ Die Verlängerung der Kugellauffläche in die Anlauffläche hinein, wird *Aufsetzbohle* genannt. Auf diese Aufsetzbohle muss die Kugel aus der Hand gleiten. Setzen Sie sie daneben, zählt dies als *Nullwurf*. Gleiches gilt, wenn Sie die Kugel hinter der Begrenzungslinie aufsetzen.

Taktik beim Werfen

Auch wenn die Wurftechnik vom Spieler und von seiner Spielerfahrung abhängt, gibt es ein paar taktisch bedeutende Würfe, die es wert sind, dass Sie sie einüben:

▶ **Richtungswurf**: Die Kugel läuft vom Aufsetzpunkt – parallel zur Bahnachse – auf die Platte zu. Dieser Wurf wird häufig als *Gassenwurf* (Gasse: diagonaler Abstand zwischen den Kegeln) ausgeführt.

▶ **Bogenwurf**: Hier läuft die Kugel in einem langen Bogen auf die Platte zu. Dieser Effekt entsteht, sobald Sie der Kugel beim Abwurf einen leichten Drall aus dem Handgelenk versetzen. Wer diesen Wurf beherrscht, kann damit reichlich Holz zu Fall bringen.

Bei Kugeln mit Griffmulden entsteht der Drall vornehmlich durch den verlagerten Schwerpunkt in der Kugel, der aufgrund der Ausbohrungen entsteht. Je nachdem in welche Richtung die Griffmulden beim Aufsetzen der Kugel weisen, verändert sich ihr Lauf.

▶ **Seitenwurf**: Hier läuft die Kugel schräg zur Mittelachse der Bahn in gerader Linie. Mit diesem Wurf zielen Sie vornehmlich auf einzelne, vor allem außen stehende Kegel.

▶ **Strahlwurf**: Die Kugel läuft fächerartig vom Ansetzpunkt auf ihr Ziel zu. Dieser Wurf ähnelt dem Seitenwurf.

Die Kugel

Werfen Sie die Kugel so tief aus der Hand, dass sie in flachem Winkel auf die *Aufsetzbohle* fällt. Dabei ist das Aufknien oder das Aufstützen mit den Händen verpönt! Erfahrene Kegler mahnen solche Haltung als Nullwurf ab.

▶ Läuft die Kugel in die seitlichen *Ablaufrinnen* oder stößt sie an die *Bande*, so gilt dies als Fehlwurf. Je nach Spiel wird ein solcher Wurf mit 0 Punkten bewertet oder er führt für den Spieler zum vorzeitigen Ende eines Durchgangs.

▶ Wenn die Kugel vom *Aufprallpolster* am Ende der Bahn zurückspringt, so werden Kegel, die hierdurch zu Fall kommen, nicht gewertet.

Die Reihenfolge der Spieler

Sehr unterschiedlich sind die Regeln für die Reihenfolge der Spieler, mal beginnt nach südländischer Manier der stärkste Spieler, mal darf der Verlierer einer Partie starten, wofür ihm manches Mal auch noch Bonuspunkte zugesprochen werden. Bei einigen Spielen mag die Auslosung der Reihenfolge gerechter sein, bei anderen mag es besser sein, einen Wurf entscheiden zu lassen, bei dem mindestens ein Kegel fallen muss.

Die Mannschaften

Bei Mannschaftskämpfen bilden für gewöhnlich jeweils sechs Spieler eine Mannschaft. Freizeitkegler nehmen das meist lockerer; daher kommt es gelegentlich vor, dass die eine Mannschaft einen Spieler mehr besitzt. Das andere Team, das einen Spieler weniger hat, spielt dann mit einem *Blinden*. Das bedeutet, dass ein beliebiger Spieler oder mehrere die Würfe für den Blinden ausführen. In welcher Weise dieser Ausgleich gewährt wird, hängt vor allem von der Art des ausgetragenen Spiels ab.

Das Ende einer Partie

▶ Endet eine Partie auf den ersten Plätzen punktegleich, so wird über die Ränge nach der Anzahl der jeweils geworfenen *Naturneuner* und *Naturkränze* entschieden. Aus diesem Grund vermerkt der Schreiber die Neunen und/oder die Kränze mit einer Neun beziehungsweise mit einer Acht und einem kleinen Kreis: 9_o oder 8_o. Ist das Spiel hieraufhin immer noch punktegleich, gilt es als unentschieden.

Für Partien, die in dieser Weise nicht entschieden werden können, zum Beispiel beim *Bilderkegeln*, wird häufig ein Stichentscheid durch ein »Nachwerfen« veranstaltet.
▶ Punktegleiche hintere Plätze werden im Allgemeinen anhand der Holzzahl des letzten Wurfes entschieden.

Die Bewertung

Die erzielten Punkte notieren Sie auf der Tafel, die bei jeder Kegelbahn vorhanden ist. Sollte eine besondere Art des Anschreibens erforderlich sein, so finden Sie bei den Regelbeschreibungen ein Beispiel.
▶ Für gewöhnlich wird ein gefallener Kegel mit 1 Punkt bewertet.
▶ Es gibt jedoch eine Reihe von Spielen, bei denen Sie die Punkte als Striche notieren.
▶ Besondere Kombinationen gefallener Kegel werden mit Extrapunkten belohnt.
▶ Beim *Spiel in die Vollen* wird nach einem geworfenen *Kranz neu aufgestellt*. Dabei ist es egal, ob der Kranz mit nur einer Kugel oder mit mehreren zustande kommt.
▶ Ein *Nullwurf* liegt vor, wenn ein Spieler eine abgemahnte Regelwidrigkeit beziehungsweise ein unzulängliches Verhalten wiederholt. Der Wurf wird dann so gewertet, als ob kein Kegel getroffen wurde.
Einen *Fehlwurf* schreiben Sie grundsätzlich mit 0 Punkten an.
▶ Wer beim *Spiel in die Vollen* einen Durchläufer wirft, wiederholt den Schub. Eine Kugel gilt auch dann als *Durchläufer*, wenn sie den *vorderen Keil* (Kegel 1, 2, 3, 4, 6) durchläuft und nur hintere Kegel fallen. Das gilt auch dann, wenn diese dabei ein *Vorderholz* umstoßen. Ausnahmen hiervon erlauben nur besondere Spielregeln.

Vor allem bei kleineren Kugeln (Damen- oder Jugendkugeln mit 14 cm Durchmesser) besteht die Möglichkeit, dass sie ohne anzustoßen durch die aufgestellten Kegel hindurchrollen. Geschieht dies bei einer der beiden *Damengassen* (die mittleren Gassen), so werden für diesen Wurf meist 6 Sonderpunkte vergeben. Ein solch seltener Wurf wird *Methode* genannt. Nach einem Durchläufer darf der Spieler erneut werfen.

Einsätze und Prämien

Die Benutzung einer Kegelbahn lassen sich die meisten Wirte in Form einer kleinen Gebühr oder über einen Mindestverzehr bezahlen. In manchen Gruppen teilen die Spieler sich diese Kosten »brüderlich«, während andere ihren Spaß darin finden, hierum zu kegeln. Auch ist für viele Kegler das reine Spiel um Punkte eher eine fade Sache; für sie liegt »die Würze des Spiels« im Einsatz.

Freilich sollte das Spiel um Geld grundsätzlich nicht im Vordergrund stehen, schließlich ist Kegeln kein Glücksspiel, weshalb auch bei manchen Spielen erhebliche Punktdifferenzen auftreten. Etwaige Einsätze sollten daher nur ein Anreiz sein. Solange sie Pfennige-, Groschen- oder Rappenbeträge nicht übersteigen, sind sie durchaus vertretbar. Um Missmut zu vermeiden, gehen vielerorts Spieleinsätze nicht direkt an die Gewinner, sondern fließen in eine Klubkasse, die dann zu besonderen Anlässen gemeinsam »auf den Kopf gehauen« wird.

Wesentlich reizvoller als das Spiel um Einsätze sind allerdings Siegprämien in Form von kleinen Geschenken, für die die Kegelrunde gemeinsam aufkommt. Solche Prämien können für den Sieger des Abends als auch für die Gewinner einzelner Partien verteilt werden. Die Freude darüber bleibt in jedem Fall eine gemeinsame, und es gibt keine »langen Gesichter«.

Vom Keglerlatein

Wie für alle speziellen Tätigkeiten gibt es auch fürs Kegeln Begriffe, die Sie kennen sollten, denn Sie werden sie zwangsläufig auf der Kegelbahn hören. Die geläufigsten Ausdrücke und die Erklärungen habe ich hier für Sie zusammengestellt. Wenn Sie beim Lesen der Regelbeschreibungen die Bedeutung eines Wortes nicht parat haben, dann schlagen Sie diese auf den beiden nächsten Seiten einfach nach.
Außerdem sollten Sie sich das Kegelbild und die gängigen Bezeichnungen einprägen.

Das Kegelbild

Hier finden Sie die Abbildung eines Kegelbildes und die geläufigsten Namen für die Kegel. Von Region zu Region wird dabei mal die eine, mal die andere Bezeichnung bevorzugt. Die *kursiv gedruckten* Namen stehen für ein gängiges Kegelbild, das ich wegen seiner überregionalen Gültigkeit auch für die Benennung der Kegel in diesem Buch verwendet habe.

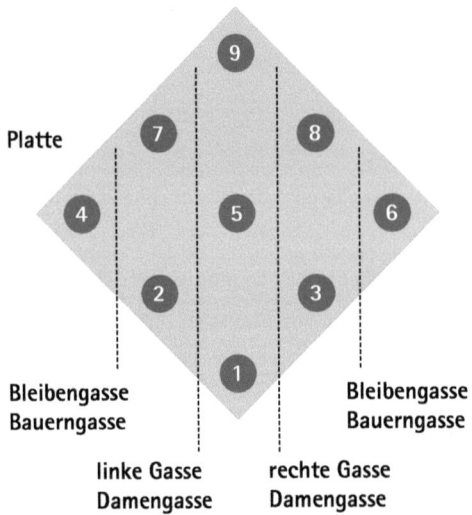

1. Kegel: *Vordereck, Vorderholz,* Vorderkegel, Vorderkeil, Vorderbauer, Vorderer, Schneide, Spitze.
2. Kegel: *linke Dame,* linke Vorderdame, linker Vordergassenkegel, linker Gassenkeil, vorderer Bleibenkegel, Bohrer.
3. Kegel: *rechte Dame,* rechte Vorderdame, rechter Vordergassenkegel, rechter Gassenkeil, vorderer Bleibenkegel, Dame.
4. Kegel: *linker Bauer,* linker Eckkegel, linker Eckkeil, linker Seitenkegel, Saunagel.
5. Kegel: König, Mittelkegel, Jupiter, Alte, Dicke, August.
6. Kegel: *rechter Bauer,* rechter Eckkegel, rechter Eckkeil, rechter Seitenkegel, Richter.
7. Kegel: *linke Dame,* linke Hinterdame, linker Hintergassenkegel, hinterer Bleibenkegel, Kastrat.
8. Kegel: *rechte Dame,* rechte Hinterdame, rechter Hintergassenkegel, hinterer Bleibenkegel, Ritter.
9. Kegel: *Hintereck,* Hinterholz, Hinterkegel, Hinterbauer, Rückkeil, Rotschwanz, Letzter, Geist.

Die Keglersprache

Ablaufen: Die Kugel rollt in die Fehlwurf- oder Ablaufrinne.
Abraumbild: Alle neun Kegel werden aufgestellt; die nach dem →Anwurf verbleibenden Kegel ergeben das Abraumbild.
Abräumen: Spiel, bei dem die erste Kugel auf das volle Bild geht. Danach müssen die verbleibenden Kegel mit so wenig Kugeln wie möglich getroffen werden.
Acht ums Hintereck: Nur der Kegel Nummer 9 bleibt stehen.
Acht ums Vordereck: Nur der Kegel Nummer 1 bleibt stehen. Ein besonders seltener Wurf, der alle Ehre verdient.
Anbanden: Die Kugel stößt an die äußere Bahnbegrenzung.
Anker: Ein Kegelbild aus den Kegeln 1, 2, 4 und 8 sowie aus den Kegeln 1, 3, 6 und 7.
Anschneiden: Einen Kegel so treffen, dass er in eine bestimmte Richtung fällt.
Anwurf: Der Wurf in das volle Kegelbild. Die erste Kugel im Spiel.
Aufsetzbohle: Der Auflagebereich der vorderen Bahn, auf den die Kugel beim Wurf aufgesetzt werden muss.
Aufsetzen: Ein Kegelbild wird aufgesetzt. Werden alle Neune aufgesetzt spricht man auch von neu aufsetzen.
Augen: Der Punktewert eines Wurfes.
Ausmachen: Das Ende eines Spiels mit einer anfänglichen Schuld.
Bande: Die seitliche Bahnbegrenzung. Statt einer Bande wird die Bahn häufig auch durch eine Fehlwurfrinne begrenzt.
Bild: Die Aufstellung von ausgewählten Kegeln. Schwierige Form des Kegelns, erfordert Zielsicherheit.
Blinder: Bei unterschiedlicher Mannschaftsstärke der fehlende Spieler in einer Mannschaft.
Bock: →Schuster
Dach: Kegelbild aus den Kegeln 4, 6, 7, 8 und 9.
Drud: →Durchläufer
Durchgang: Ein Durchgang ist erfolgt, sobald jeder Spieler beziehungsweise jeder Teilnehmer einer Mannschaft (gemäß den Regeln) einmal durchgeworfen hat.
Durchläufer: Eine Kugel, die durch das Kegelbild beziehungsweise den vorderen →Keil rollt, ohne einen Kegel umzustoßen.

Vom Keglerlatein

Im weiteren Sinne auch eine Kugel, die durch zwei diagonal zueinander stehende Kegel hindurchläuft.
Fehlwurf: Anbanden oder abgleiten der Kugel in die Fehlwurfrinne.
Manchmal auch die Bezeichnung für eine Kugel, die am aufgestellten Bild vorbeirollt.
Figur: Ein bestimmtes Kegelbild.
Fisch: →Durchläufer.
Gasse: Der diagonale Abstand zwischen den einzelnen Kegeln.
Vornehmlich ist damit aber der Abstand im →Vorderkeil des Kegelbildes gemeint.
Hamburg: Kegelbild aus den Kegeln 4, 5 und 6.
Herz: Bezeichnung für ein Kegelbild ohne die Kegel 1, 5 und 9.
Holz: Bezeichnung sowohl für Kegel als auch für erreichte Punkte.
Holz holen: Ein Spieler muss solange werfen, bis er mindestens einen Kegel trifft.
Holzzahl: Die Summe der gefallenen beziehungsweise zu wertenden Kegel.
Keil: Man unterscheidet zwischen großem Keil (Kegel 1, 2, 3, 4, 6) und kleinem Keil (Kegel 1, 2, 3). Der kleine Keil wird meist als Vorderkeil bezeichnet.
Kitz: →Schuster
Kranz: Wurf, nach dem nur noch der König (Kegel 5) steht.
Lübeck: Kegelbild aus den vier Eckkegeln 1, 4, 6 und 9.
Lüstling (Lustwurf): Ein Wurf, bevor die Bahn freigegeben wurde. Er wird nicht gewertet und muss wiederholt werden.
Meisterspiel: →Bild
Nachwerfen: →Werfen
Naturkranz: Ein mit dem →Anwurf erzielter Kranz.

Naturneun: Mit dem →Anwurf fallen alle neun Kegel.
Neuner: Wurf nach dem die Platte geräumt ist.
Häufig auch Bezeichnung für die →Naturneun.
Nullwurf: Regelwidriger Wurf, der trotz Abmahnung wiederholt wird, beispielsweise Aufknien beim Abwurf.
Platte: Die Kegelaufstellfläche.
Auch die Bezeichnung für das komplette Kegelbild (volle Platte).
Platte geräumt (geputzt): Alle Kegel sind gefallen.
Pudel: Die Kugel rollt in die Fehlwurfrinne oder stößt an die Bande.
Pumpe: Abgleiten der Kugel von der Bahn (→Ratz).
Punkte: Wurfwert eines Spielers beziehungsweise dessen Gesamtpunktestand.
Ratz: Die Kugel läuft außen an den aufgestellten Kegeln vorbei.
Sandhase (Sandwerfen): Die Kugel wird hinter der weißen Markierung aufgesetzt.
Schuster: Das Kegelbild *kleiner Schuster* oder *Kitz* besteht aus den Kegeln 1, 7 und 8. Der *große Schuster* oder *Bock* aus den Kegeln 1, 4 und 6.
Stina: Die Kegel 1, 5 und 9 bleiben stehen. Gegenbild zu →Herz.
Stuhl: Kegelbild aus den Kegeln 1, 2, 4, 5 und 8 sowie aus den Kegeln 1, 3, 5, 6 und 7.
Vollen, in die: Wurf auf die komplett aufgestellten Kegel.
Vorderkeil: Die Kegel 1, 2 und 3.
Werfen: Eine Entscheidung durch Würfe in die Vollen herbeiführen. Hierzu hat jeder Spieler eine Kugel.
Wurst: →Herz

Was Sie noch wissen sollten

Die Spiele in diesem Buch habe ich in sechs Kapitel gegliedert, die jeweils einen unterschiedlichen Spielcharakter aufweisen. Gleichwohl ließen sich manche Spiele durch geringfügige Änderungen auch einem anderen Kapitel zuordnen. Solche Veränderungen sind Ihrer Phantasie und Ihrer Umsicht überlassen, insbesondere wenn Sie die Vorschläge in Einzel-, Paar- oder Mannschaftsspiel abwandeln wollen.

Vor jeder Spielebeschreibung finden Sie immer wiederkehrende Hinweise, die Ihnen den Umgang mit dem Buch erleichtern.

Art des Spiels
Sie können sofort erkennen, ob es sich um ein Spiel in die Vollen, ein Abräumspiel oder um Bilderkegeln handelt. Lediglich in den gleichnamigen Kapiteln wird diese Rubrik nicht extra angezeigt.

Wettkampf
Hier sehen Sie auf einen Blick, ob es sich um ein Einzel-, Paar- oder Mannschaftsspiel handelt.

Aufgesetzte Kegel
Dieser Eintrag gibt an, wie viele Kegel oder welche Sie aufsetzen müssen.

Kugeln pro Spieler
Hier erfahren Sie, wie viele Kugeln ein Spieler oder eine Partei für jeden Durchgang erhält.

Anzahl der Durchgänge
Diese Rubrik gibt an, aus wie vielen Durchgängen ein Spiel besteht.

Diagrammbedeutung
Die erläuternden Diagramme sind folgendermaßen zu lesen:

Voller Kegel
Wird aufgestellt
beziehungsweise bleibt stehen.

Leerer Kegel
Wird mit aufgestellt,
wird jedoch nicht gewertet.

König
Der Kegel Nummer 5

Voller Kegel im Rahmen
Der Kegel darf unter
keinen Umständen
abgeräumt werden.

Grauer Kegel
Darf abgekegelt werden.

Gepunkteter Kegel
Ist beziehungsweise
wird abgekegelt.

Schwarzer Kreis
Hier steht kein Kegel.

•

Standardspiele

Auch wenn die verschiedenen Möglichkeiten Kegelspiele auszutragen kaum überschaubar sind, lassen sich die einzelnen Spielvarianten dennoch auf drei Grundmuster zurückführen:

▶ **Das Spiel in die Vollen:** Jeder Schub geht auf alle neun Kegel. Danach wird neu aufgestellt.
▶ **Das Abräumspiel:** Nur der erste Wurf geht in die Vollen. Danach müssen Sie auf die stehen gebliebenen Kegel werfen.
▶ **Das Bilder- oder Figurenkegeln:** Sie werfen auf eine bestimmte aufgestellte Formation von Kegeln.

Diese drei Grundmuster werden häufig miteinander verquickt und können durch unterschiedliche Bewertung der Würfe noch weiter abgewandelt werden. Diese Grundmuster und Bewertungskriterien sollen durch die nachstehenden Spiele veranschaulicht werden. Man bezeichnet sie aufgrund ihrer Tradition und der Beständigkeit als *Standardspiele*.

Das Grundspiel

Das *Grundspiel*, so wie es heute verstanden wird, ist in seiner Art recht einfach. Es ist ein Gassenspiel und wird überwiegend von Sportkeglern ausgetragen, dann aber mit 100 Kugeln pro Spieler. Freizeitkegler hingegen spielen mit sechs bis zehn Kugeln. Dieses Grundspiel können Sie als Spiel in die Vollen oder als Abräumspiel austragen.

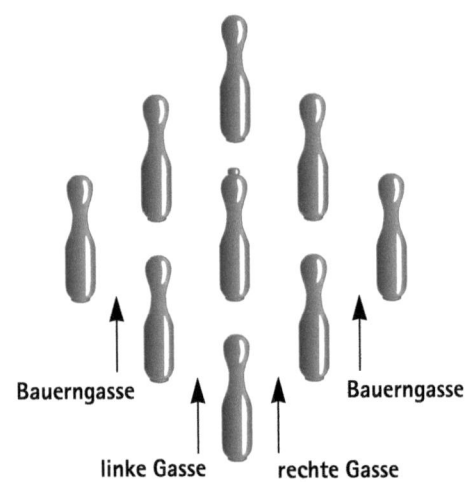

Bauerngasse   Bauerngasse

linke Gasse   rechte Gasse

In die Vollen

Wettkampf: Einzel- oder Mannschaftsspiel
Aufgesetzte Kegel: alle
Kugeln pro Spieler: 6 bis 10
Anzahl der Durchgänge: 1

Beim *Spiel in die Vollen* verlangt die Regel, dass der Spieler die Hälfte seiner Kugeln in die linke Gasse schiebt, also für einen verwertbaren Wurf die Kegel 1 und 2 fallen müssen. Die andere Hälfte der Kugeln schiebt er in die rechte Gasse, das heißt die Kegel 1 und 3 müssen fallen. Nach jedem Wurf wird neu aufgestellt. Jeder Spieler muß die vereinbarte Wurfzahl ohne Unterbrechung werfen.

Die Wertung

▶ Jedes Holz zählt 1 Punkt.
▶ Würfe auf die Mitte und in die Bauerngasse zählen 0 Punkte.

Das Abräumspiel

Wettkampf: Einzel-, Paar- oder Mannschaftsspiel
Aufgesetzte Kegel: alle
Kugeln pro Spieler: 6 bis 10
Anzahl der Durchgänge: 1

Beim *Abräumspiel*, das häufig als Paarkampf ausgetragen wird, schieben beide Spieler abwechselnd eine vereinbarte Zahl von Kugeln. Der erste Spieler schiebt in die rechte Gasse, der zweite Spieler spielt auf das verbleibende Bild. Danach werfen beide Spieler abwechselnd, bis abgeräumt ist. Dann schiebt der zweite Spieler zum Anwurf in die linke Gasse. Ist auch das hier verbliebene Bild abgeräumt, führt der erste Spieler nach erneutem Aufsetzen, das Spiel mit einem Wurf in die linke Gasse fort.

Die Wertung

Gewertet wird bei Abräumspielen, wie oft – bei der festgelegten Zahl von Kugeln – die Platte abgeräumt wurde. Bei Gleichstand zählt das im letzten Versuch gefallene Holz.

Stammkegeln

Art des Spiels: in die Vollen und Bilderkegeln
Wettkampf: Einzel- oder Mannschaftsspiel
Aufgesetzte Kegel: alle
Kugeln pro Spieler: 3 in jedem Durchgang
Anzahl der Durchgänge: bis alle Spieler ihre Schuld abgetragen haben

Das *Stammspiel* ist eine Mischung aus dem Spiel in die Vollen und dem Bilderkegeln, da das nach einem Wurf verbleibende Kegelbild die Punktezahl bestimmt.
Jeder Spieler beginnt mit einer Schuld von 300 Punkten. In jedem Durchgang schiebt er dreimal hintereinander in die Vollen. Die pro Wurf erzielten Punkte werden ihm von seiner Schuld abgezogen.
Hat ein Spieler seine Schuld abgetragen, bekommt er die erzielten Punkte gutgeschrieben. Nach einigen Durchgängen hat ein Spieler zum Beispiel noch 10 Minuspunkte.

Mit seinem darauf folgenden Wurf erreicht er 15 Punkte, so dass er nun 5 Pluspunkte hat. Seinen Wurf im nächsten Durchgang, 3 Punkte, addiert der Schreiber hinzu. Der Spieler hat jetzt 8 Pluspunkte.

Nach jedem Durchgang ändert sich die Reihenfolge der Spieler entsprechend der erzielten Punktezahl. Wer die niedrigste hat beginnt.

Die Wertung

Das geworfene Holz wird folgendermaßen gewertet. Dabei bedeutet:
- Mit: der Kegel fällt mit
- Ohne: der Kegel bleibt stehen

Die Punkte

- Alle Neune: 60 Punkte
- Acht um den König (Kranz): 40 Punkte
- Acht mit Vordereck: 30 Punkte
- Acht ohne Vordereck: 100 Punkte
- Sieben mit Vordereck: 20 Punkte
- Sieben ohne Vordereck: 7 Punkte
- Sechs mit Vordereck: 12 Punkte
- Sechs ohne Vordereck: 6 Punkte
- Fünf mit Vordereck: 10 Punkte
- Fünf ohne Vordereck: 5 Punkte
- Vier mit Vordereck: 8 Punkte
- Vier ohne Vordereck: 4 Punkte
- Drei mit Vordereck: 6 Punkte
- Drei ohne Vordereck: 3 Punkte
- Hamburg (Kegel 4, 5 und 6 fallen): 15 Punkte
- Zwei mit Vordereck: 4 Punkte
- Zwei ohne Vordereck: 2 Punkte
- Vordereck allein: 6 Punkte
- Eins ohne Vordereck: 1 Punkt
- Hintereck allein: 100 Punkte
- König aus der Mitte: 40 Punkte

Variante

Falls Sie um Geld spielen, dürfen die Spieler mit Guthaben nur einen Wurf pro Durchgang ausführen, damit ihr Abstand zu den Nachzüglern nicht zu groß wird.

Lübeckern

Art des Spiels: Abräumspiel
Wettkampf: Einzel- oder Mannschaftsspiel
Aufgesetzte Kegel: alle
Kugeln pro Spieler: 3 in jedem Durchgang
Anzahl der Durchgänge: bis jeder Spieler seine Schuld abgetragen hat

Das Abräumspiel *Lübeckern* bezeichnet Formationen, bei denen entweder die Kegel 4 und 6, *Klein-Lübeck*, oder die Kegel 1, 4, 6 und 9, *Groß-Lübeck*, oder bestimmte andere Kegel stehen bleiben sollen, denn für sie gibt es Sonderpunkte.

Jeder Spieler muss 200 Punkte abschieben und hat dafür pro Durchgang drei Kugeln. Der erste Wurf geht in die Vollen, der zweite und der dritte Wurf zielen auf die verbleibenden Kegel.

Schiebt ein Spieler im ersten Wurf sieben oder acht Holz ohne Sonderwertung, darf er, sofern er will, zum zweiten Wurf neu aufsetzen lassen und erneut in die Vollen schieben. Der erste Schub wird dann jedoch nicht gewertet.

Diejenigen Spieler, die sich ins Plus geschoben haben, erhalten nur noch eine Kugel pro Durchgang.

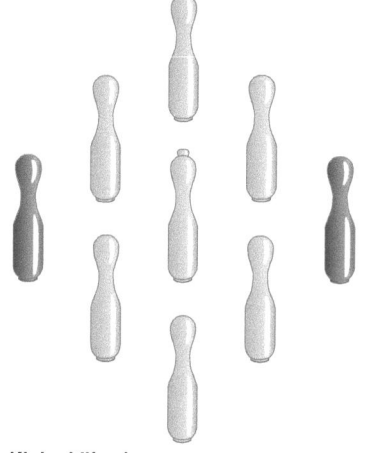

Klein-Lübeck

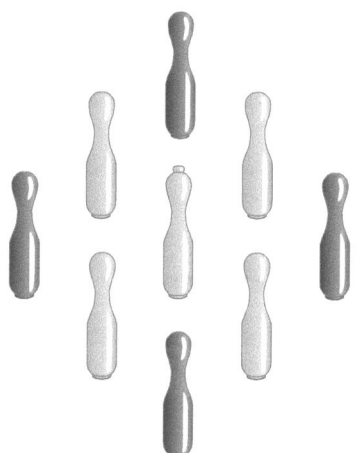

Groß-Lübeck

Die Wertung

Jedes gefallene Holz zählt 1 Punkt. Darüber hinaus erhalten Sie für die folgenden Bilder Extrapunkte:

Sonderwertung
- Kranz auf einen Schub: 48 Punkte
- Kranz auf zwei oder drei Schub: 36 Punkte
- Acht ohne Vordereck: 30 Punkte
- Acht ohne Hintereck: 12 Punkte
- Vordereck fällt allein: 6 Punkte
- Beide Bauern verbleiben (Klein-Lübeck): 25 Punkte
- Alle vier Eckkegel verbleiben (Groß-Lübeck): 50 Punkte
- Hamburg (Kegel 4, 5 und 6 verbleiben): 10 Punkte
- Herz (die Kegel 1, 5 und 9 fallen): 10 Punkte

Steht ein Bild, so stellen Sie neu auf, sofern der Spieler noch Kugeln frei hat.

Variante

Da es schon eines gewissen Könnens bedarf, ein *Groß-Lübeck* aus den Vollen zu kegeln, können Sie sich das Spiel erleichtern:
Hat ein Spieler die Kegel eines Groß-Lübeckers in einem Wurf gefällt, werden sie für den nächsten Wurf wieder mit aufgestellt. Haben Sie beispielsweise im ersten Wurf ein Herz geworfen, so wird für Ihren zweiten Wurf ein Kranz aufgestellt.

Das Ulmer Spiel

Art des Spiels: Bilderkegeln
Wettkampf: Einzel- oder Mannschaftsspiel
Aufgesetzte Kegel: pro Durchgang ein anderes Bild
Kugeln pro Spieler: 1 und 3
Anzahl der Durchgänge: 6

Dieses Spiel vereinigt in sich die Grundlage des Bilder- oder Figurenkegelns und wird in sechs Durchgängen ausgetragen. In jedem Durchgang müssen die Teilnehmer ein bestimmtes Ziel erreichen.
Der Spieler beziehungsweise die Mannschaft mit den meisten Punkten gewinnt.
Wegen der wechselnden Anforderungen eignet sich dieses Spiel gut zum Einüben verschiedener Wurftechniken und zur Eröffnung eines Kegelabends.

Erster Durchgang

Spiel in die Vollen: Jeder Teilnehmer schiebt dreimal in die Vollen. Jedes gefallene Holz zählt 1 Punkt.

Zweiter Durchgang

Rechte Hochzeit: Jeder Spieler hat eine Kugel. Es werden nur der König und die rechte Dame (Kegel 5 und 8) aufgesetzt. Um einen gültigen Wurf zu erzielen, dürfen Sie nur die Dame fällen; der König muss stehen bleiben. Dafür gibt es 12 Punkte.

Dritter Durchgang

Linke Hochzeit: Pro Spieler gibt es eine Kugel. Der König und die linke Dame (Kegel 5 und 7) werden aufgesetzt. Sie dürfen nur die Dame treffen. Auch dieser Wurf bringt 12 Punkte.

Vierter Durchgang

Herzspiel: Es gibt eine Kugel pro Spieler. Vordereck, König und Hintereck (Kegel 1, 5 und 9) werden aufgesetzt. Fallen alle drei Holz, erhalten Sie 12 Punkte; andernfalls pro Holz 3 Punkte.

Fünfter Durchgang

Bockspiel: Jeder Spieler hat eine Kugel. Nur das Vordereck und die beiden Bauern (Kegel 1, 4 und 6) werden aufgesetzt. Räumen Sie alle drei Holz ab, erhalten Sie 12 Punkte; andernfalls 3 Punkte pro Holz.

Sechster Durchgang

Abräumspiel: Jeder Spieler hat drei Kugeln. Nur der erste Schub geht in die Vollen. Jedes gefallene Holz bringt 1 Punkt.

Haben am Ende des Spiels mehrere Teilnehmer die gleiche Punktezahl erzielt, gibt es ein Stechen. Hierzu schieben die punktegleichen Spieler nacheinander eine Kugel in die Vollen. Das Stechen müssen Sie solange fortführen, bis sich eine Differenz ergibt.

Das Schwedenspiel

Art des Spiels: Abräumspiel
Wettkampf: Einzelspiel
Aufgesetzte Kegel: alle
Kugeln pro Spieler: 3 in jedem Durchgang
Anzahl der Durchgänge: bis 1 Spieler seine Schuld abgetragen hat

Diese Variante – im wesentlichen ein Abräumspiel – verdeutlicht, wie ein Spiel durch besondere Zählweise zusätzlich Spannung bekommt. Sein Name soll der Treffsicherheit der Schweden huldigen.
Jeder Spieler beginnt mit einer Schuld von 100 Punkten. Pro Durchgang hat er drei Kugeln: Die erste geht in die Vollen, die beiden restlichen Schübe zielen auf das verbleibende Holz.
Schiebt der Spieler eines der gesondert bewerteten Bilder, wird zum darauf folgenden Wurf neu aufgesetzt.

Die Wertung

Die Aufmerksamkeit der Spieler gilt vor allem dem Vorderholz, dem sogenannten *Schweden*. Fällt dieser, wird jedes geworfene Holz mit 2 Punkten bewertet, andernfalls zählt jedes Holz nur 1 Punkt.
Folgende Bilder werden extra bewertet, sofern Sie sie mit nur einem einzigen Schub erzielen.

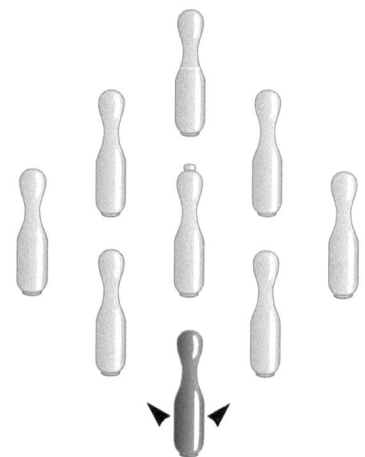

Fällt der »Schwede«, gibt es Sonderpunkte!

Sonderwertung
▶ Nur Vordereck fällt: 9 Punkte
▶ Nur Hintereck fällt: 6 Punkte
▶ Nur König fällt: 12 Punkte
▶ Kranz: 18 Punkte
▶ Alle Neune: 24 Punkte
▶ Acht ums Vordereck: Spielende

Alle noch verbleibenden Schuldpunkte der anderen Teilnehmer werden dem glücklichen Spieler gutgeschrieben.

Hat ein Teilnehmer seine Schuld abgetragen, endet das Spiel mit dem Ende des Durchgangs. Sollte dieser Teilnehmer Pluspunkte erzielt haben, übertragen Sie sie dem nächstfolgenden Spieler als Schuld.

Das Kammspiel

Art des Spiels: Abräumspiel
Wettkampf: Paar- oder Mannschaftsspiel
Aufgesetzte Kegel: alle
Kugeln pro Spieler: 2 in jedem Durchgang
Anzahl der Durchgänge: 6 ohne Sonderspiele

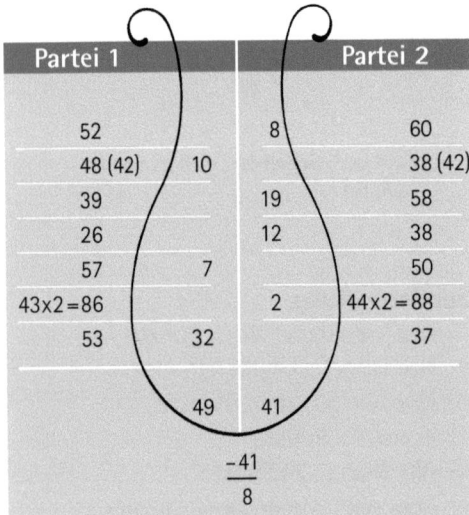

Partei 1		Partei 2
52	8	60
48 (42)	10	38 (42)
39	19	58
26	12	38
57	7	50
43×2=86	2	44×2=88
53	32	37
	49	41
	−41	
	8	

Jeder Spieler einer Mannschaft hat pro Durchgang zwei Kugeln. Nach dem Anwurf schieben die Spieler eines Paares oder einer Mannschaft solange, bis alles Holz gefallen ist oder nur noch der König steht. Erst dann darf wieder neu aufgestellt und in die Vollen geschoben werden.

Die Wertung

Jedes gefallene Holz zählt 1 Punkt.
Extra bewertet werden die folgenden Würfe, sofern sie mit einem einzigen Schub in die Vollen erzielt werden.

Sonderwertung
▶ Alle Neune: 24 Punkte
▶ Kranz: 18 Punkte
▶ Acht Holz: 12 Punkte
▶ Herz (die Kegel 1, 5 und 9 fallen): 6 Punkte
▶ Hamburg (Kegel 4, 5 und 6 fallen): 6 Punkte
▶ Nur Vordereck fällt: 3 Punkte
▶ Nur Hintereck fällt: 3 Punkte

Kammspiele sind wegen ihrer Notierung sehr beliebt bei Mannschaftskämpfen. Ein zusätzlicher Spielspaß entsteht durch die besondere Form, in der die Ergebnisse aufgeschrieben und verrechnet werden. Kammspiele heißen mancherorts auch *Leierspiele*, *Lyra* oder *Bartl*, da eine leierförmige Kurve vorgibt, in welcher Form Sie die Resultate aufschreiben sollen.

Zu Spielbeginn erstellen Sie eine Tabelle mit sechs Zeilen für die Punktestände. Das ist der sogenannte Kamm. Gibt es keine Sonderdurchgänge, ist das Spiel nach diesen sechs Durchgängen beendet.

Nach jedem Durchgang ermitteln Sie die Differenz der Ergebnisse, die die Paare oder die beiden Mannschaften erreicht haben, und schreiben sie der überlegenen Partei gut. Diese muss im darauf folgenden Durchgang vorlegen.

Beim letzten regulären Durchgang verdoppeln Sie die Ergebnisse und somit die Differenz.

Ein Durchgang mit Punktegleichheit wird wiederholt. Verlängern Sie den Kamm für jeden punktegleichen Durchgang um eine Linie. Jede zusätzliche Zeile bedeutet einen Sonderdurchgang zum Spielende.

Tag und Nacht

Art des Spiels: Abräumspiel
Wettkampf: Paarspiel
Aufgesetzte Kegel: alle
Kugeln pro Spieler: 4 in jedem Durchgang
Anzahl der Durchgänge: 3

Anna+ Bert	Claudia+ Dieter	Erika+ Franz	Gisela+ Hans
●12 ⎫ 38 ☾26 ⎭	●8 ⎫ 22 ☾14 ⎭	●11 ⎫ 35 ☾24 ⎭	●12 ⎫ 24 ☾12 ⎭
●7 ⎫ 25 ☾18 ⎭	●9 ⎫ 23 ☾14 ⎭	●7 ⎫ 33 ☾26 ⎭	●13 ⎫ 31 ☾18 ⎭
●10 ☾	●7 ⎫ 25 ☾18 ⎭	●15 ⎫ 39 ☾24 ⎭	●12 ⎫ 26 ☾14 ⎭
101	70	107	81

● =Tag   ☾ =Nacht

Tag und Nacht ist ein Paarspiel, das in der hier beschriebenen Form einer vereinfachten Version des Paarkampfes der Sportkegler entspricht. Bei gemischten Kegelrunden sollten der Fairness halber je ein Mann und eine Frau ein Paar bilden.

Die Parteien tragen drei Durchgänge aus. Pro Durchgang hat jedes Paar acht Kugeln: vier für den *Tag* und vier für die *Nacht*. Jeweils zu Beginn des *Tages* und der *Nacht* wird in die Vollen gespielt. Die Punkte des *Tages* zählen einfach, die der *Nacht* doppelt. Mit dem *Tag* wird begonnen. Der erste Spieler des Paares wirft in die Vollen und der zweite räumt ab. Ist die Platte abgeräumt, bevor ein Paar alle vier Kugeln geschoben hat, wird neu aufgestellt; der zweite Spieler kegelt weiter.
Zu Beginn der *Nacht* zielt der zweite Spieler in die Vollen; der erste Spieler räumt ab.
Von der Taktik her liegt es nahe, dass der spielstärkere Partner bei *Tag* anwirft und bei *Nacht* abräumt.

Die Wertung

▶ Tag: pro Holz 1 Punkt
▶ Nacht: pro Holz 2 Punkte

Variante

Nicht immer ist es so, dass der stärkere Spieler auch hält, was er verspricht. Und manchmal ist der erste Wurf bei *Tag* so gelungen, dass Sie ihn lieber als *Nacht* anschreiben würden.
Aus dieser Überlegung heraus lassen manche Kegelrunden den Paaren in jedem Durchgang die Wahl, nach dem Anwurf zu entscheiden, welche Tageszeit zuerst notiert werden soll. Andere Spielgemeinschaften erlauben dem Paar stattdessen, von Durchgang zu Durchgang ihre Reihenfolge neu zu bestimmen.

Spiele in die Vollen

Das Kegeln in die Vollen ist besonders für Anfänger geeignet, da sich hierbei trotz geringerer Treffsicherheit gute Erfolge erzielen lassen. Für gewöhnlich wird bei dieser Form des Kegelns für jede Kugel neu aufgesetzt. Den Spielreiz macht dabei von Partie zu Partie die unterschiedliche Form des Aufschreibens aus.

Gleichwohl kann auch ein erfahrener Spieler beim Spiel in die Vollen gefordert sein; vor allem, wenn bestimmte Konstellationen für Extrapunkte sorgen, wie dies etwa bei *Acht auf der Schneide* (siehe Seite 30) der Fall ist.

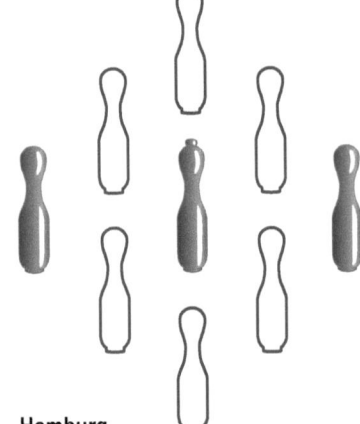

Hamburg

Hamburger Herz

Wettkampf: Einzel- oder Mannschaftsspiel
Aufgesetzte Kegel: alle
Kugeln pro Spieler: 2 in jedem Durchgang
Anzahl der Durchgänge: 5

Dies ist ein Spiel, das wegen seines unterschiedlichen Schwierigkeitsgrades Anfängern wie Könnern gleichermaßen Freude bereitet.

Als *Hamburg* wird die Querzeile der drei Kegel 4, 5 und 6 bezeichnet, als *Herz* gilt die Längszeile mit den Kegeln 1, 5 und 9.

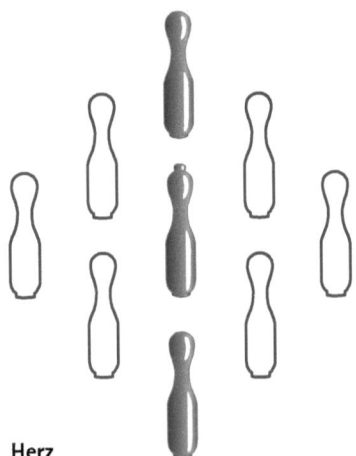

Herz

Die am höchsten bewerteten Abräumbilder. Fallen weitere Kegel, die nicht zum Bild gehören, gibt es für diese keine Punkte.

In fünf Durchgängen wird abwechselnd auf einen *Hamburger* und auf ein *Herz* hin gekegelt. Mit dem ersten Wurf sollte möglichst *Hamburg* und mit dem zweiten Wurf *Herz* geworfen werden. Hierfür hat jeder Spieler pro Durchgang zwei Kugeln in die Vollen.

Die Wertung

Nur die drei Kegel der jeweiligen Figur bringen Punkte.
Mitfallende andere Kegel bleiben unberücksichtigt und bringen keine Punkte.
Damit Sie überhaupt werten können, muss wenigstens ein Kegel auf der Platte stehen bleiben; alle Neune bringen also 0 Punkte.
Es bedeuten:
- allein: alle anderen Kegel stehen noch
- stehend: alle anderen Kegel sind gefallen

Erster Wurf: Hamburg
- Pro Holz der Figur: 1 Punkt
- Alle drei Holz: 6 Punkte
- Ein gefallener Hamburger allein: 12 Punkte
- Ein stehender Hamburger: 18 Punkte

Zweiter Wurf: Herz
- Pro Holz der Figur: 1 Punkt
- Alle drei Holz: 6 Punkte
- Ein gefallenes Herz allein: 12 Punkte
- Ein stehendes Herz: 18 Punkte

Kettenkegeln

Wettkampf: Einzelspiel
Aufgesetzte Kegel: alle
Kugeln pro Spieler: 1 in jedem Durchgang
Anzahl der Durchgänge: bis 1 Spieler übrig bleibt

Beim *Kettenkegeln* haben schwächere Spieler durchaus eine Chance gegenüber erfahrenen Kegelbrüdern. Schließlich soll jeder Teilnehmer nur das Resultat des Vorspielers erreichen. Wem dies nicht gelingt, der erhält so viele Striche wie ihm Kegel zum vorgegebenen Resultat fehlen. Das gilt gleichermaßen für überzähliges und für fehlendes Holz. Wer 21 Striche auf seinem Konto hat, scheidet aus.

Pro Durchgang hat jeder Spieler eine Kugel in die Vollen. Zunächst werfen Sie eine Vorlage für den ersten Spieler. Sind es beispielsweise vier Holz, muss er gleichfalls vier Holz fällen. Schiebt er hingegen sieben Holz, wird er mit 3 Strichen belastet. Zugleich gelten die gefallenen sieben Holz als Vorlage für den folgenden Spieler.

Aus dem Kreis werfen

Wettkampf: Einzelspiel
Aufgesetzte Kegel: alle
Kugeln pro Spieler: 1 in jedem Durchgang
Anzahl der Durchgänge: bis 1 Spieler übrig bleibt.

»Wer anderen eine Grube gräbt, fällt selbst hinein«. Beim *Kreiswerfen* gilt dieser Spruch allerdings nur bedingt, denn wer geschickt kegelt, muss sich nicht vor seiner schlechten Absicht fürchten.
Zu Spielbeginn malen Sie auf die Tafel einen Kreis und notieren am Kreisrand im Uhrzeigersinn die Namen der Mitspieler.
Pro Durchgang hat jeder Spieler eine Kugel, um in die Vollen zu werfen. Die getroffenen Kegel sind für das persönliche Weiterkommen eines Teilnehmers meist unerheblich. Denn die Holzzahl gibt nur an, der wievielte Spieler in der Reihenfolge nach dem Werfer einen Strich bekommt. Immer 5 Striche bilden einen Zeiger. Derjenige Spieler, dessen Zeiger mit dem fünften Strich vollendet wird, scheidet aus.

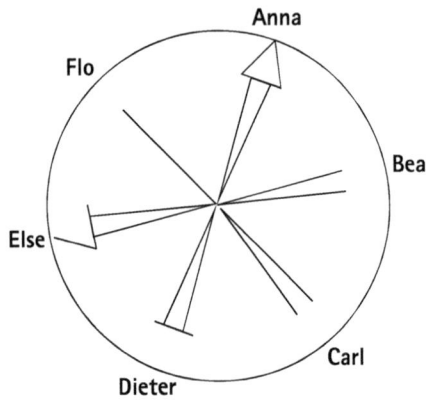

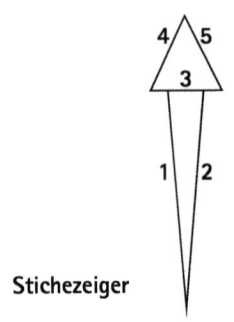

Stichezeiger

Ein Beispiel

Anna wirft sechs Holz. Zählen Sie die Ziffer sechs an den Spielernamen ab: Sie beginnen bei Anna und enden bei Flo. Also erhält Flo 1 Zeigerstrich.
Hätte Anna sieben oder ein Holz geworfen, hätte sie sich selbst den Strich »zum Rauswurf« verpasst.

Spekulation

Wettkampf: Einzelspiel
Aufgesetzte Kegel: alle
Kugeln pro Spieler: je 1 Kugel in 9 Durchgängen; in den beiden letzten je 4 Kugeln
Anzahl der Durchgänge: 11

	Anna		Bert		Carl	Doris
1 x	3	=	3	5	=	5
2 x	4	=	8	4	=	8
3 x	5	=	15	6	=	18
4 x	7	=	28	3	=	12
5 x	6	=	30	7	=	35
6 x	8	=	48	8	=	48
7 x	4	=	28	5	=	35
8 x	6	=	48	9	=	72
9 x	7	=	63	8	=	81
Zwilling	4^2	=	16	5^2	=	25
Drilling	6^3	=	216	4^3	=	64
Summe			503			403

Nach jedem Wurf bestimmt der Spieler, in welcher der ersten neun Zeilen sein Ergebnis notiert werden soll. Dieses multipliziert der Schreiber mit der Ziffer der entsprechenden Zeile als endgültiges Wurfresultat.
Nach dem neunten Durchgang folgen die Durchgänge *Zwilling* und *Drilling*.
Jeder Spieler erhält vier Kugeln pro Durchgang. Das Ziel ist, eine möglichst hohe Holzzahl zweimal zu erreichen. Denn nur das Einzelergebnis von zwei gleichen Würfen wird multipliziert:
▶ beim Zwillingswurf zweimal mit sich selbst,
▶ beim Drillingwurf dreimal mit sich selbst.
▶ Wird kein holzgleicher Wurf erzielt, notiert der Schreiber das niedrigste Wurfresultat.

Auch bei diesen beiden letzten Durchgängen wählt der Spieler die Zeile, in der sein erstes Wurfergebnis stehen soll.

Mit gesunder Selbsteinschätzung und ein wenig Glück, wird auch aus einem mäßigen Kegelbruder bei diesem Spiel ein Gewinner. Seinen besonderen Reiz erhält es durch den spekulativen Charakter der Notation.
Das Spiel läuft über elf Durchgänge; bis auf die letzten beiden hat jeder Teilnehmer eine Kugel pro Durchgang. Es wird stets in die Vollen geworfen.
Die oben stehende Tabelle besteht aus elf Würfe Zeilen: Die ersten neun nummerieren Sie durch; in die vorletzte tragen Sie *Zwilling* ein, in die letzte *Drilling*.

Beispiele

▶ Bert wirft acht Holz. Er lässt den Wurf in die sechste Zeile eintragen und erhält somit 8 x 6 = 48 Punkte.
▶ Bert wirft zweimal fünf Holz. Lässt er dieses Ergebnis als Zwilling anschreiben, erhält er 5 x 5 = 25 Punkte, als Drilling bekäme er 5 x 5 x 5 = 125 Punkte.

Variante

Die Spieler vereinbaren, dass jeder bereits vor seinem Wurf ansagen muss, in welcher Zeile sein Resultat notiert werden soll.

Rausschmeißer

Wettkampf: Einzelspiel
Aufgesetzte Kegel: alle
Kugeln pro Spieler: 1 in jedem Durchgang
Anzahl der Durchgänge: bis 1 Spieler übrig bleibt

Der *Rausschmeißer* eignet sich sehr gut als letztes Spiel eines Kegelabends. Es wird nur in die Vollen gespielt. Pro Durchgang erhält jeder Spieler eine Kugel. Ziel ist es, am Spielende so wenig Punkte wie möglich zu haben. Der Reiz des Spiels liegt in der Art des Anschreibens. Es wird nur die Punktedifferenz zwischen dem Resultat des Vorgängers und dem eigenen Ergebnis verbucht:

▶ Ist Ihr Wurf höher als der des Vorgängers, erhält er die Differenz.
▶ Ist Ihr Wurf niedriger, wird Ihr Punktekonto belastet.
▶ Bei punktegleichen Würfen entscheidet der Schub des nächsten Spielers.
▶ Ist sein Wurf höher, erhalten Sie und Ihr Vorgänger die Differenz.
▶ Ist sein Wurf niedriger, wird ihm die Differenz angeschrieben.

Wer am Spielende 21 Punkte oder mehr hat, wird aus dem Spiel »rausgeschmissen«. Wer zuletzt übrig bleibt, darf als Sieger eine Abschlussrunde spendieren.

Ein Beispiel

Anna schiebt sechs Holz, Bert anschließend sieben Holz. Anna erhält 1 Punkt (7–6 = 1). Claudia wirft vier Holz und bekommt 3 Punkte (7–4 = 3).
Nun schiebt Dieter ebenfalls vier Holz. Ob er und Claudia Punkte erhalten, entscheidet sich erst mit Erichs Wurf.
Erich fällt fünf Holz; der Schreiber notiert für Claudia und für Dieter je 1 Punkt. Hätte Erich drei Holz geworfen, hätte er 1 Punkt bekommen.
Friedel kegelt sechs Holz. Somit wird die Differenz zu Erich, 1 Punkt (6 – 5 = 1), auf Erichs Konto verbucht.
Jetzt ist Anna wieder an der Reihe; sie wirft acht Holz. Das sind zwei Holz mehr als Friedel erreicht hat, sodass er 2 Punkte erhält.

	1. Wurf		2. Wurf		3. Wurf		4. Wurf	
	Holz	Punkte	Holz	Punkte	Holz	Punkte	Holz	Punkte
Anna	6	1	8		5	2	7	
Bert	7		5	↓5	4	6	6	9
Claudia	4	↓4	5	6	4		6	8
Dieter	4	1	7		3	↓8	8	
Erich	5	1	3	↓8	9		7	10
Friedel	6	2	6		5	↓8	5	10

Vorsicht – Falle!

Wettkampf: Einzelspiel
Aufgesetzte Kegel: alle
Kugeln pro Spieler: 3 in jedem Durchgang
Anzahl der Durchgänge: bis 1 Spieler mehr als 91 Punkte hat

Nur wer die Nase vorn hat, darf sich sicher sein, dass er nicht in eine Falle tappt. Für alle anderen kann bereits ein Holz zu viel oder zu wenig zum Sturz ins Bodenlose führen. Pro Durchgang erhält jeder Spieler drei Kugeln und wirft immer in die Vollen. Der Schreiber addiert das gefallene Holz und verbucht es in einer Tabelle (siehe Abbildung). Es wird solange gespielt, bis ein Teilnehmer mehr als 91 Holz angesammelt hat. Erreichen Sie mit Ihrem Wurf das gleiche Zwischenergebnis, das bereits ein anderer Spieler hat, zieht der Schreiber Ihr Wurfergebnis von Ihrem bisherigen Punktestand ab. Tappen Sie hierdurch erneut in eine *Falle*, wird Ihr Resultat noch ein weiteres Mal negativ verbucht.

Neben diesen Fallgruben, die durch die Mitspieler entstehen, gibt es noch eine zusätzliche: alle durch Neun teilbaren positiven Zwischenergebnisse. Kommen Sie auf eine solche Zahl, wird Ihr Wurfergebnis auch von dieser Zahl abgezogen.
Wer über 91 Punkte hinauswirft, hat das Spiel gewonnen. Wer jedoch genau auf 91 Holz kommt, muss wieder bei 0 Punkten beginnen.

Ein Beispiel

Claudia hat bei einem Zwischenstand von 57 Punkten zwölf Holz geworfen und käme auf 69 Punkte. Da Dieter bereits 69 Holz hat, werden ihr die 12 Punkte abgezogen. Ihr neuer Punktestand wäre (57–12) 45. Weil aber 45 durch Neun teilbar ist, werden ihr nochmals 12 Punkte abgezogen und sie fällt auf (45–12) 33 Punkte zurück.

	1. Wurf		2. Wurf		3. Wurf		4. Wurf	
	Holz	Punkte	Holz	Punkte	Holz	Punkte	Holz	Punkte
Anna	19	19	16	35	20	55	21	76
Bert	14	14	13	(27) = 1	18	19	23	42
Claudia	23	23	18	41	16	57	12	(69) = 33
Dieter	25	25	22	47	22	69		
Else	22	22	19	(41) = 3	23	26		
Franz	18	–18	17	–1	20	(19) –21		

Spiele in die Vollen

Acht auf der Schneide

Wettkampf: Einzel- oder Mannschaftsspiel
Aufgesetzte Kegel: alle
Kugeln pro Spieler: 3
Anzahl der Durchgänge: bis 1 Spieler alle Kegel außer der Schneide gefällt hat

Das Vordereck wird manchmal auch *Schneide* genannt; und sie soll in diesem Spiel stehen bleiben. Die acht Kegel hinter der Schneide mit einem Schub zu fällen, erfordert entweder viel Glück oder besonderes Können. In diesem Spiel sollen Sie sich in beidem versuchen.
Jeder Spieler schiebt dreimal hintereinander in die Vollen. Jeder Wurf, bei dem die Schneide stehen bleibt, zählt. Das gefallene Holz wird aufgeschrieben.
Wirft ein Spieler *Acht auf der Schneide*, geht das Spiel in die letzte Runde. Zudem erhält der Glückliche für diesen Wurf 32 Punkte.

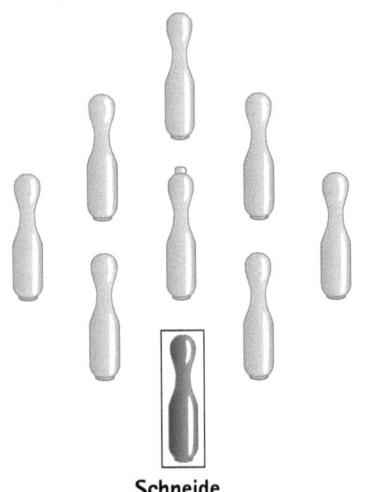

Schneide

Plusminus

Wettkampf: Einzel-, Paar- oder Mannschaftsspiel
Aufgesetzte Kegel: alle
Kugeln pro Spieler: 4 in jedem Durchgang
Anzahl der Durchgänge: 4

Anna	Bert	Carl	Doris
+47/-23	+95/-61	+77/-32	-66/-08
24	34	45	58
+54/-34	+25/-38		
20	-13		
.			
.			
76	63	107	111

Mit etwas Geschick und ein wenig Glück können Sie sich bei diesem Spiel das passende Ergebnis selbst zurechtzimmern. Sie tragen vier Durchgänge aus. Pro Durchgang hat jeder Spieler vier Kugeln und wirft grundsätzlich in die Vollen.
Mit den ersten beiden Würfen schieben Sie auf Pluspunkte. Die Resultate werden jedoch nicht addiert, sondern als zweistellige Zahl nebeneinander geschrieben. Der erste Wurf bestimmt die Zehnerstelle, der zweite die Einerstelle. Das gleiche geschieht mit den beiden Minuswürfen, die Sie dann von den Pluspunkten abziehen. Hierbei muss pro Kugel mindestens ein Kegel fallen.
Das Ergebnis ergibt die Wertung für den Durchgang. Am Spielende rechnen Sie die Resultate für jeden Teilnehmer zusammen. Der Spieler mit dem höchsten Punktestand gewinnt.

Die Wertung

Jedes gefallene Holz: 1 Punkt.
- Für einen Kranz oder alle Neune beim Plusspiel: 9 Punkte
- beim Minusspiel: 0 Punkte,
- für einen einzigen Bauern (Kegel 4 oder 6) im Minuswurf: 2 Punkte

Varianten

Beim Partnerspiel wirft in einem Durchgang ein Spieler auf Plus und der andere auf Minus. Im nächsten Durchgang vertauschen beide ihre Aufgaben. Beim Mannschaftsspiel empfiehlt es sich, dass alle Spieler im ersten Durchgang nur auf Plus und im zweiten nur auf Minus werfen.

Das Jagdspiel

Wettkampf: Einzel- oder Mannschaftsspiel
Aufgesetzte Kegel: alle
Kugeln pro Spieler: 2 für den Startwurf des Fuchses, danach 1
Anzahl der Durchgänge: so viele, wie es Spieler gibt

Das *Jagdspiel* ist unter verschiedenen Namen bekannt: mancherorts heißt es *Fuchsjagd*, andernorts *Sautreiben* oder *Wilde Jagd*. Es ist ein Spiel »einer gegen alle«. Ein Teilnehmer ist der *Fuchs*; die anderen sind die *Jäger*. Der *Fuchs* legt vor, indem er zweimal in die Vollen wirft. Sein Resultat wird angeschrieben. Danach kegeln die Jäger – reihum immer einer – gegen den *Fuchs* in die Vollen. Der Schreiber rechnet jedes Wurfergebnis fortlaufend zur bisherigen Punktezahl hinzu. Dabei versuchen die *Jäger*, das Resultat des *Fuchses* einzustellen:
- Gelingt ihnen dies, bevor der *Fuchs* 51 Punkte erreicht, haben sie gewonnen.
- Erzielt jedoch der *Fuchs* 51 Punkte, ohne dass die *Jäger* gleichziehen oder ihn überholen konnten, ist er ihnen entwischt.

Siegt der *Fuchs*, so erhält er die Differenz, die den *Jägern* zu seinen 51 Punkten fehlen, als Pluspunkte.
Gewinnen die *Jäger*, so erhält der *Fuchs* die Punkte, die ihm zu 51 fehlen, als Minuspunkte. Wie Sie aus der Tabelle ersehen können, werden die Zwischenergebnisse in zwei untereinander stehenden Zeilen hinter den Namen des *Fuchses* geschrieben. In der oberen Zeile stehen seine Resultate, in der unteren die der *Jäger*.

Ein Beispiel

Anna hat die Fuchsjagd verloren; ihr fehlen 6 Punkte zu 51, und sie bekommt -6 Punkte. Bernd ist seinen *Jägern* entkommen und erhält die Differenz zu 34: +17 Punkte.

Anna	14/ 21/ 24/ 30/ 36/ 41/ 45	-6
🦊	8/ 15/ 21/ 28/ 33/ 39/ 48	
Bernd	17/ 24/ 33/ 39/ 47/ 53	+17
🦊	6/ 14/ 22/ 27/ 34	
Claudia	12/	
🦊	7/	
Dieter		
🦊		
Ernst		

Saukegeln

Wettkampf: Einzelspiel
Aufgesetzte Kegel: alle
Kugeln pro Spieler: 1 in jedem Durchgang
Anzahl der Durchgänge: 12

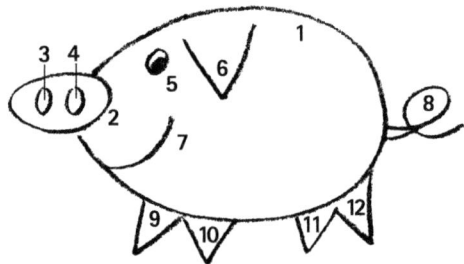

Beim *Saukegeln* erleben Sie ein Wechselbad der Gefühle. Denn alle Spieler betreiben gemeinsam ihren Untergang. Doch mit einigen glücklichen Würfen, vor allem gegen Ende des Spiels, können Sie diesem Schicksal entrinnen. Alle Spieler zeichnen das Schwein zusammen, das mit dem zwölften Durchgang schlachtreif sein wird, das heißt, fertig gemalt ist.

Für die Notation malen Sie eine Tabelle auf mit 13 Kästchen hinter jedem Spielernamen. Nach jedem Durchgang streichen Sie eine Kästchenreihe aus.

Die Reihenfolge der Spieler wird ausgelost. Pro Durchgang wirft jeder Spieler einmal in die Vollen.

Danach darf immer der Spieler, der am meisten Holz gefällt hat, zur Belohnung einen Teil des Schweines zeichnen. Hierfür trägt er ins nächstfreie Folgekästchen hinter seinem Namen eine Null ein. Am Anfang des Spiels haben diese Nullen noch keine Auswirkungen, doch können sie am Ende von Vorteil sein. Denn für jeden *Saunagel* (Kegel 4), der allein geworfen wird, erhalten Sie zwei Nullen in den nächstfreien Kästchen hinter Ihrem Namen.

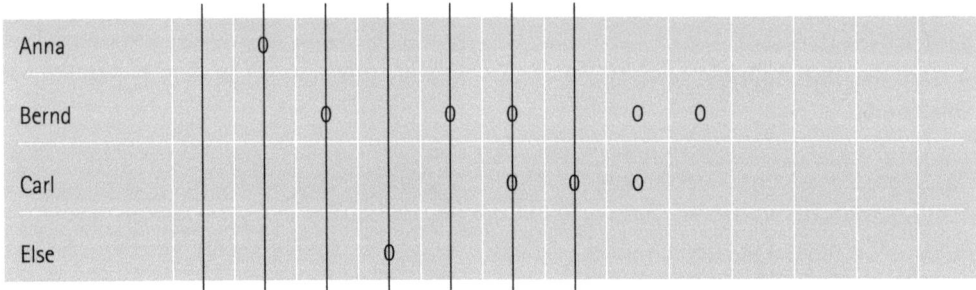

Jahreszahl

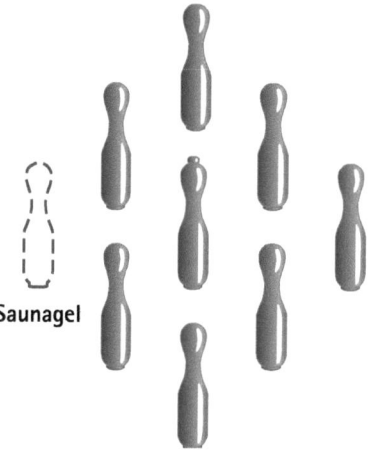

Saunagel

Wettkampf: Einzelspiel
Aufgesetzte Kegel: alle
Kugeln pro Spieler: 4 oder mehr für jede Jahreszahl
Anzahl der Durchgänge: beliebig viele

Dieses Spiel verändert sich von Jahr zu Jahr, gilt es doch der aktuellen Jahreszahl am nächsten zu kommen, um zu gewinnen. Jeder Spieler versucht, die Jahreszahl in der richtigen Reihenfolge Schub um Schub zu erkegeln. Je nachdem, wie die aktuelle Jahreszahl lautet, hat jeder Teilnehmer vier oder mehr Kugeln zur Verfügung: Für Jahreszahlen ohne Null sind es vier; während für jede Null zwei Kugeln nötig sind, um die erforderlichen zehn Holz für die Ziffer Null zu treffen. Zudem kann auch ein Naturkranz oder eine -neun für eine Null angeschrieben werden. Um bei diesem Spiel erfolgreich zu sein, müssen Sie vor allem beim Tausender und Hunderter der Jahreszahl sehr zielsicher sein. Denn nach jedem Durchgang werden entsprechend zur Differenz zur tatsächlichen Jahreszahl die Tabellenplätze vergeben.

Wenn Sie es auf diese Weise zu einer Null im 13. Kästchen bringen, müssen Sie sich nicht mehr sorgen: Sie zählen dann bereits zu den Gewinnern des Spiels, denn am Ende haben all jene verloren, die es zu keiner Null im 13. Kästchen brachten.
Haben mehrere Spieler zugleich das höchste Resultat in einem Durchgang, darf derjenige das Schwein weitermalen, der als letzter geworfen hat.

Plätze	1. Durchgang	2. Durchgang	3. Durchgang	4. Durchgang	5. Durchgang	Gesamt	
Alfred	4	6	3	5	2	20	
Bea	5	2	1	4	1	13	II.
Claudia	6	5	6	3	3	23	
Dieter	1	3	2	1	4	11	I.
Else	3	1	4	6	5	21	
Fritz	2	4	5	2	6	19	III.

Abräumspiele

Bei Abräumspielen geht nur der Anwurf in die Vollen. Mit den weiteren Kugeln müssen die Spieler entweder die Platte räumen oder ein bestimmtes Bild kegeln, um Sonderpunkte zu erzielen.

Für Abräumspiele ist Wurfkraft und Zielgenauigkeit gefragt, um auf den vorderen Rängen zu landen. Gleichwohl wird auch der Anfänger am Abräumen seinen Spaß haben, bietet doch diese Spielform eine Fülle sehr spannender Spiele mit unterschiedlichen Schwierigkeitsgraden.

Holz und Wurf

Wettkampf: Einzel- oder Paarspiel
Aufgesetzte Kegel: alle
Kugeln pro Spieler: mindestens 2
Anzahl der Durchgänge: 2

Holz und *Wurf* ist ein typisches Abräumspiel, das sich durch seine besondere Zählweise vom *Standardspiel* unterscheidet.
Das Spiel hat zwei Durchgänge und beginnt für jeden Spieler mit dem Anwurf in die Vollen. Danach darf er so lange weiterwerfen, wie er mindestens ein Holz trifft. Kann er in dieser Weise die Platte abräumen, wird sie ihm noch ein zweites Mal aufgestellt. Danach ist der nächste Teilnehmer an der Reihe.

	Holz	Wurf	Holz	Wurf	Gesamt
Anna	16	6	14	5	19
Bernd	8	4	18	6	16
Claudia	7	2	8	3	10
Else	18	6	12	4	20
Franz	12	5	6	3	10
Gust	10	3	14	2	

Am Ende des Spieles ziehen Sie jedem Spieler die Zahl der von ihm benötigten Kugeln von der erzielten Holzzahl ab.

Die Wertung

Für einige Figuren gibt es Sonderpunkte. Danach wird neu aufgestellt, sofern dies nicht bereits einmal geschehen ist.

Sonderwertung
- Vordereck und Hintereck allein: 9 Punkte
- Beide Bauern allein: 9 Punkte
- König allein: 10 Punkte
- Hintereck allein: 12 Punkte
- Kranz: 12 Punkte
- Acht ums Vordereck: 18 Punkte

Sargkegeln

Wettkampf: Einzelspiel
Aufgesetzte Kegel: alle
Kugeln pro Spieler: 1 in jedem Durchgang
Anzahl der Durchgänge: bis 1 Spieler übrig bleibt

Sargkegeln ist ein beliebtes Kegelspiel. Während des Spielverlaufs zimmert jeder Teilnehmer mit Strafstrichen an seiner Totenkiste. Wer mit acht Strichen seinen Sarg komplett hat, scheidet aus. Am Ende hat der einzig Überlebende gewonnen.
Jeder Teilnehmer erhält pro Durchgang eine Kugel. Der erste Spieler wirft in die Vollen, die nachfolgenden räumen ab. Ist die Platte geputzt, wird neu aufgestellt.

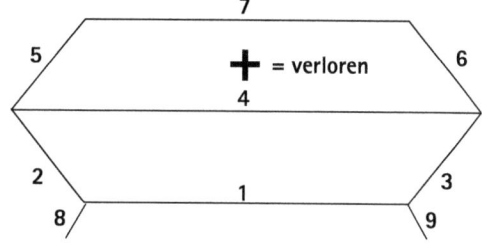

Anna xx

Die Wertung

Durch die nachstehenden Würfe zimmert ein Spieler an seinem Sarg:
- Trifft er kein Holz, gibt es 1 Strich.
- Der Anwerfer sollte möglichst das Vorderholz treffen, denn hierfür erhält er 1 Kreuz. Für 3 Kreuze wird 1 Strich vom Sarg gelöscht.
- Trifft er das Vorderholz nicht, erhält er 1 Strich.
- Wer die Platte abräumt, verdient sich gleichfalls 1 Kreuz. Sein Vorwerfer erhält indes 1 Strich.
- Wirft ein Spieler alle Neune, erhalten alle übrigen Teilnehmer 1 Strich.
- Fehlt einem Spieler noch 1 Strich zum Tod, bleibt er von den Strafstrichen durch »Platte abräumen« oder »alle Neune« verschont.

Wunschzahl

Wettkampf: Einzelspiel
Aufgesetzte Kegel: alle
Kugeln pro Spieler: 3 in jedem Durchgang
Anzahl der Durchgänge: bis 1 Spieler das Spielziel erreicht

Bei diesem Spiel setzt jeder Teilnehmer sich selbst das Maß, an dem er sich prüfen möchte.
Vor jedem Durchgang nennt jeder Spieler die Wunschzahl, mit der er gewinnen möchte. Diese muss zwischen drei und 18 Holz liegen; eine Neun dürfen Sie sich allerdings nicht wünschen. Zudem dürfen Sie nicht die gleiche Zahl wie im Durchgang zuvor wählen.
Jeder Spieler erhält drei Kugeln pro Durchgang und, falls er mit dem dritten Schub die Platte räumt, noch einen Nachwurf mit einer vierten Kugel.
Der erste Wurf geht in die Vollen. Mit jedem Wurf muss mindestens ein Holz fallen. Die Wunschzahl muss mit dem dritten oder vierten Wurf getroffen werden. Wem dies gelingt, der beendet das Spiel und kassiert den Einsatz. Jedoch dürfen Spieler, die in diesem Durchgang noch nicht gekegelt haben, ihre Kugeln noch schieben. Gibt es danach mehrere Gewinner, teilen sie sich den Einsatz.

Hausnummer abräumen

Wettkampf: Einzelspiel
Aufgesetzte Kegel: alle
Kugeln pro Spieler: 3 in jedem Durchgang
Anzahl der Durchgänge: 3

Beim allbekannten und beliebten Spiel Hausnummer geht es darum, durch drei Würfe in die Vollen eine möglichst hohe dreistellige Zahl zusammenzustellen. Beim *Hausnummer abräumen* ist das Spielziel zwar dasselbe, allerdings schieben die Teilnehmer hier nur beim Anwurf in die Vollen. Die anderen beiden Schübe gehen auf das verbleibende Kegelbild.

Die Wertung

▶ Der erste Wurf bestimmt die Einerstelle.
▶ Der zweite Wurf bestimmt die Zehnerstelle.
▶ Der dritte Wurf bestimmt die Hunderterstelle.

Günstigstenfalls würde demnach die höchste erzielbare Zahl 711 lauten. Da jedoch Durchläufer mit der Ziffer Null angeschrieben werden, kann ein Spieler »mit glücklicher Hand« die Nummer 900 erreichen.
Bandet die Kugel an oder gleitet sie von der Bahn, wird für jeden dieser Würfe als Strafe – bei der Hunderterstelle beginnend – eine Stelle abgestrichen, so dass nur ein zweistelliges oder gar einstelliges Ergebnis möglich ist.
Nach dem dritten Durchgang addieren Sie die Zwischenergebnisse und ermitteln den Gewinner.

Hier ein Beispiel (Einer-, Zehner- und Hunderterwurf), das einen Durchgang darstellt, dessen Ergebnis 512 Punkte ist.

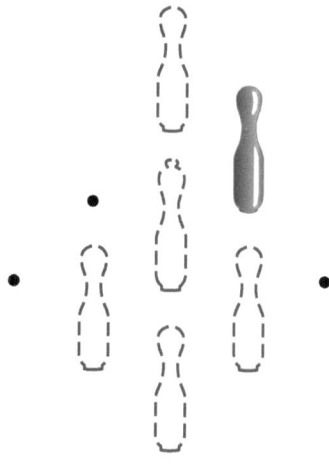

3 Hunderterwurf: fünf gefallene Kegel.

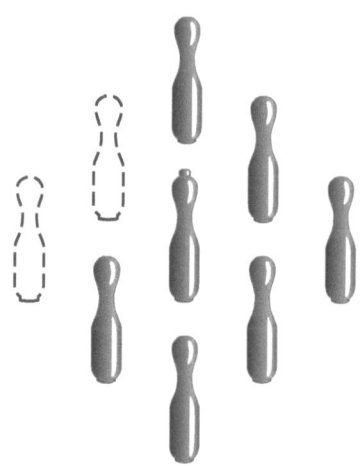

1 Einerwurf: zwei gefallene Kegel. Das verbleibende Kegelbild stellen Sie für den Zehnerwurf auf.

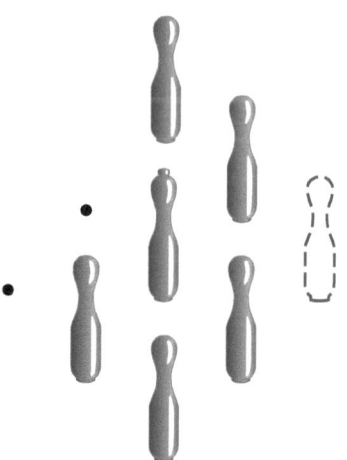

2 Zehnerwurf: ein gefallener Kegel; zugleich das Kegelbild für den Hunderterwurf.

Varianten

Schieben Sie immer drei Würfe in die Vollen. Vorab sagen Sie an, in welchem Feld das Ergebnis notiert werden soll.

Nur auf das verbleibende Holz zu kegeln ist für weniger geübte Spieler meist eine zu große und deshalb wenig vergnügliche Herausforderung. Versuchen sie sich indes an dieser Variante, werden auch sie ihren Spaß haben.

Schieben Sie pro Durchgang drei Würfe in die Vollen. Vor jeder Kugel sagen Sie an, an welcher Stelle der Hausnummer Ihr Wurf notiert werden soll. Mit ein wenig Glück können Sie so ein beachtliches Ergebnis erzielen.

Abzählen

Wettkampf: Einzel- oder Mannschaftsspiel
Aufgesetzte Kegel: alle
Kugeln pro Spieler: 1 in jedem Durchgang
Anzahl der Durchgänge: 9

Dieses Spiel eignet sich sehr gut dafür, die Treffsicherheit und das Gefühl für Bahn und Kugel zu trainieren. In diesem Sinne ist es für Anfänger und Fortgeschrittene gleichermaßen eine Herausforderung. Wegen seines hohen Schwierigkeitsgrades sollte es allerdings auch nur unter gleich starken Spielern im Wettbewerb ausgetragen werden.

Das Spiel besteht aus neun Durchgängen. Pro Durchgang hat jeder Spieler nur eine Kugel in die Vollen, um – mit allen Neunen beginnend – in jedem Durchgang ein Holz weniger zu werfen: Also im ersten Wurf neun Holz, im zweiten Wurf acht Holz, im dritten Wurf sieben Holz ... im neunten Wurf ein Holz. Nur wenn die geforderte Holzzahl getroffen wird, erhält der Spieler sie gutgeschrieben.

Wer am Ende des Spiels die meisten Punkte hat, gewinnt. Bei Punktegleichstand siegt, wer mehr gültige Würfe erzielt hat.

Variante

Für weniger Geübte wird das Spiel einfacher, wenn von einem Durchgang zum nächsten ein Kegel weniger aufgesetzt wird. Hierbei können Sie mit dem neunten Kegel beginnen und nach unten zählend fortfahren. Sie können sich aber ebenso darauf einigen, dass jeder Spieler selbst bestimmen darf, welche Kegel für ihn weggehoben werden sollen.

Zählvariante

Statt nur gültige Würfe positiv zu notieren, können Sie das überzählige oder das fehlende Holz als Minuspunkte mit anschreiben.

Knast

Wettkampf: Einzelspiel
Aufgesetzte Kegel: alle
Kugeln pro Spieler: 3 in jedem Durchgang
Anzahl der Durchgänge: bis 1 Spieler die 61 Tage abgebaut hat

Jeder Spieler hat zwei Monate, also 61 Tage, Knast abzuschieben. Doch nur wer sich gut führt, kommt auch rechtzeitig in Freiheit. Um sich dementsprechend zu bewähren, erhält jeder Spieler zunächst pro Durchgang drei Kugeln. Die erste Kugel geht in die Vollen, die beiden anderen auf das verbleibende Bild. Ist die Platte leer gefegt, darf neu aufgestellt werden.

Jedes gefallene Holz ist ein abgesessener Tag, wobei von den 61 Tagen abwärts gezählt wird. Ein leichtes Spiel. – Doch das dicke Ende kommt noch! Sobald nämlich einem Spieler weniger als zehn Tage Haft verbleiben, muss er sich mit einem »glatten Wurf« in Freiheit schießen. Folglich erhält er von da an pro Durchgang nur noch eine Kugel und außerdem wird ihm kein Holz mehr verrechnet.

Hürdenlauf

Wettkampf: Einzelspiel
Aufgesetzte Kegel: alle
Kugeln pro Spieler: maximal 4 in jedem Durchgang
Anzahl der Durchgänge: bis 1 Spieler die neunte Hürde nimmt

Start	1		2		3		4		5		6		7		8		9		Ziel
Anne	✓	4	✓	6	✓	4	✓	3											17
Bert	✓	8	✓	7	✓	4	✓	5	✓	7	✓								31
Claudia	✓	5	✓	9	✓	3	✓	5	✓	4	✓	4	✓	6	✓	3	✓	1	40
Doris	✓	6	✓	6	✓	4	✓	6	✓	5	✓								27
Emil	✓	9	✓	9	✓	7													25
Franz	✓	8	✓	9	✓	9	✓	6	✓	8	✓	9	✓	7					56

Entgegen einem Wettrennen auf der Piste muss bei diesem *Hürdenlauf* nicht zwingend jener Teilnehmer auch Sieger sein, der als erster das Ziel erreicht.
Es gibt neun Hürden zu bewältigen: in aufsteigender Folge Zahlen von 1 bis 9. Diese bedeuten die Anzahl der Kegel, die Sie werfen müssen, damit Sie anschließend einen Wertungswurf ausführen dürfen.
Wer die vorgegebene Kegelanzahl nicht mit drei Würfen trifft, hat seinen nächsten Versuch erst, wenn er wieder an die Reihe kommt.
Pro Durchgang hat jeder Spieler maximal vier Würfe, und zwar: drei reguläre Schübe zum Überwinden der Hürde und einen Wertungswurf.

Der jeweils erste Schub geht in die Vollen. Vor jedem der beiden weiteren Würfe darf der Spieler entscheiden, ob er neu aufsetzen lässt oder auf das verbleibende Bild zielt.
Ist eine Hürde genommen, schiebt der Spieler als Wertungswurf eine Kugel in die Vollen und erhält die gefallene Holzanzahl angeschrieben.
Im folgenden Durchgang zielt er auf die nächsthöhere Hürde. Überspringt ein Spieler die neunte Hürde, beendet er mit seinem Wertungswurf das Spiel. Der begonnene Durchgang wird jedoch noch zu Ende geführt.
Die abgebildete Notierung zeigt, dass Claudia das Spiel zwar beendet, Franz es aber gewonnen hat.

Spitz, bleib stehen

Wettkampf: Einzelspiel
Aufgesetzte Kegel: alle
Kugeln pro Spieler: 1 in jedem Durchgang, Variante: 3 in jedem Durchgang
Anzahl der Durchgänge: bis 1 Spieler die 40 Punkte erreicht hat

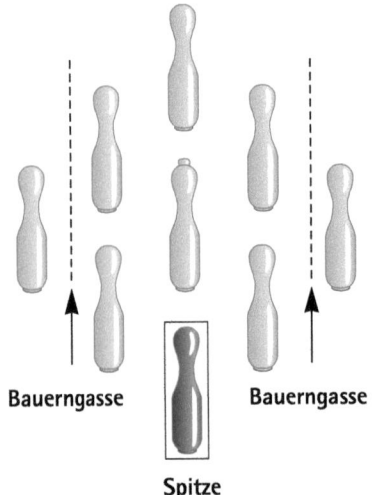

Bauerngasse   Bauerngasse

Spitze

Würfe in die Bauerngassen sind bei diesem Spiel meist erfolgreich

Jeder Teilnehmer startet mit einer Schuld von 40 Punkten und wirft reihum einmal in die Vollen.
Für einen gültigen Wurf muss die Spitze (Kegel 1) stehen bleiben. Die Anzahl der gefallenen Kegel ziehen Sie von der Schuld ab.
Fällt die Spitze, wird das Ergebnis als Nullwurf gewertet.
Gewonnen hat, wer seine Schuld zuerst abtragen konnte.

Variante

Jeder Spieler schiebt dreimal hintereinander, wobei nur der erste Wurf in die Vollen geht, die beiden anderen zielen auf das verbleibende Bild.
Mit jedem Wurf muss mindestens ein Holz fallen, ansonsten erhöht sich die Schuld entsprechend der bis dahin geworfenen Holzzahl.
Fällt die Spitze, werden 0 Punkte notiert.
Wer nach seinem dritten Wurf alle acht Holz abgeräumt hat, darf noch einmal in die Vollen werfen. Ein Fehlwurf wird ihm dabei nicht angerechnet.

Palastwache

Wettkampf: Einzelspiel
Aufgesetzte Kegel: alle
Kugeln pro Spieler: maximal 3 in jedem Durchgang
Anzahl der Durchgänge: beliebig viele

Bei diesem Spiel müssen Sie sich königstreu gebärden, sofern Sie entsprechend belohnt werden wollen. Denn so lange der König (Kegel 5) nicht fällt, wird Ihre Holzzahl verdreifacht, andernfalls zählt jedes Holz nur einfach.
Dieses Spiel ist im Übrigen eine gute Übung, das Kranzwerfen zu erlernen.
Jeder Spieler erhält maximal drei Kugeln pro Durchgang. Der erste Wurf geht in die Vollen, mit den beiden anderen räumen Sie ab. Werfen Sie einen Kranz oder alle Neune, wird nicht neu aufgestellt, sondern der nächste Spieler kommt an die Reihe.

Hier sehen Sie eine Möglichkeit, einen Kranz in drei Würfen zu erreichen. Der lange Pfeil gibt die Laufrichtung

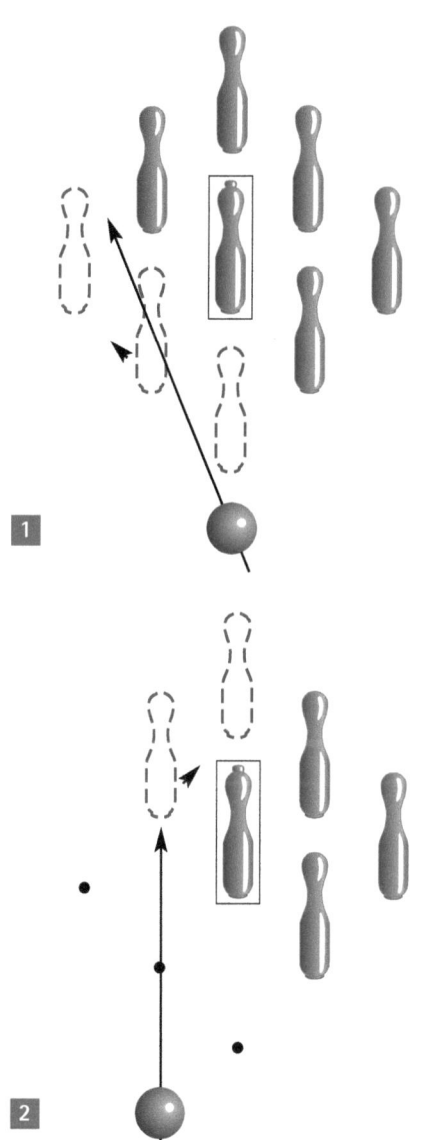

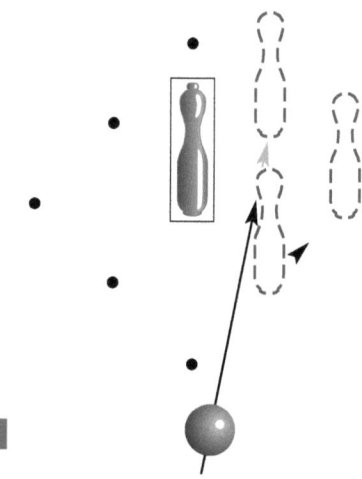

Die Wertung

Mit jeder Kugel müssen Sie mindestens ein Holz fällen. Ansonsten gilt:
- Holz mit König:
  1 Punkt pro Holz
- Holz ohne König:
  3 Punkte pro Holz

Extrapunkte für Kränze:
- Kranz im ersten Wurf:
  13 x 3 = 36 Punkte
- Kranz im zweiten Wurf:
  11 x 3 = 33 Punkte
- Kranz im dritten Wurf:
  9 x 3 = 27 Punkte

Verkehrtes Abräumen

Wettkampf: Einzelspiel
Aufgesetzte Kegel: alle; für den 2. bis 5. Wurf die getroffenen Kegel des vorangegangenen Wurfes
Kugeln pro Spieler: 5 in jedem Durchgang
Anzahl der Durchgänge: beliebig viele

Das Eigentümliche und zugleich spannende an diesem Spiel ist, dass die umgefallenen Kegel wieder aufgestellt werden, während das stehen gebliebene Holz von der Platte genommen wird. Um also über die Runden zu kommen, müssen Sie zwar möglichst viele Kegel treffen, aber dennoch etwas Holz stehen lassen.
Jeder Spieler hat fünf Kugeln, die er nacheinander wirft. Der erste Schub geht in die Vollen und mit jedem muss mindestens ein Holz fallen, ansonsten verliert der Spieler sein Wurfrecht. Fegt ein Spieler die Platte leer, bevor er die fünfte Kugel eingesetzt hat, ist sein Durchgang vorzeitig beendet.

Die Wertung

Die in jedem Wurf gefallenen Kegel werden gewertet. Der Punktstärkste ist Sieger.

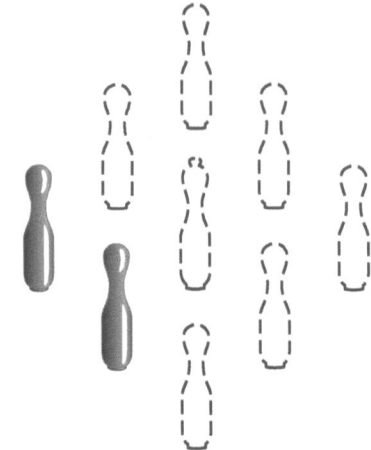

1 Im ersten Wurf fallen die Kegel 1, 3, 5, 6, 7, 8 und 9.

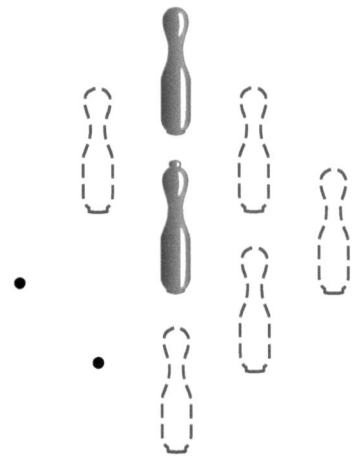

2 Die getroffenen Kegel werden für den zweiten Wurf wieder aufgestellt. Es fallen die Kegel 1, 3, 6, 7 und 8.

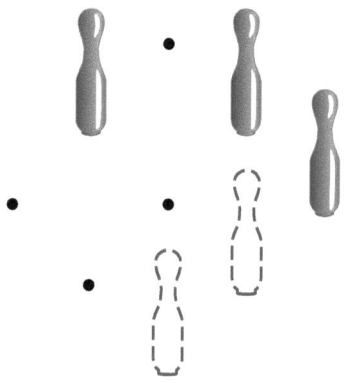

3 Die getroffenen Kegel werden für den dritten Wurf wieder aufgestellt. Es fallen zwei Holz.

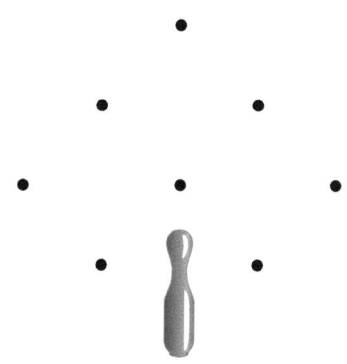

5 Jetzt ist nur noch ein Kegel aufgestellt, der im fünften Wurf fallen muß.

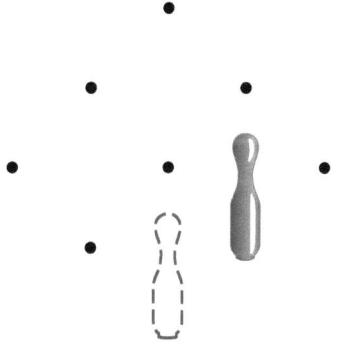

4 Wieder werden die getroffenen Kegel aufgestellt. Im vierten Wurf fällt Kegel 1.

Ein Beispiel

Anna schiebt mit dem ersten Wurf sieben Holz. Diese werden für den zweiten Wurf wieder aufgestellt; Anna kegelt fünf Holz ab. Im dritten Wurf kommen diese fünf Kegel wieder auf die Platte. Anna trifft zwei Holz. Für den vierten Wurf stehen nur noch diese beiden Kegel auf der Platte.

Anna trifft ein Holz und muss im fünften Wurf denselben Kegel noch einmal treffen, was ihr auch gelingt. Dafür erhält sie dann 7+5+2+1+1 = 16 Punkte.

Verkehrtes Abräumen

Hochzeit

Wettkampf: Einzel- oder Paarspiel
Aufgesetzte Kegel: alle
Kugeln pro Spieler: bis ein Hochzeitspaar stehen bleibt
Anzahl der Durchgänge: beliebig viele

Der König ist zwar von einem Harem aus vier Damen umgeben, doch bei diesem Spiel muss er sich entscheiden, mit welcher er sich vermählen möchte. Denn bei dieser Abräumvariante dürfen am Ende nur der König und eine einzige Dame übrig bleiben, damit ein Spieler sich Punkte verbuchen kann. Und da die Damen eine unterschiedlich wertvolle Mitgift mitbringen, wird jedes Paar anders verbucht.
Jeder Spieler darf pro Durchgang solange werfen, bis er entweder ein Hochzeitspaar stehen lässt oder sich diese Möglichkeit genommen hat

Variante

Der »Knackpunkt« bei diesem Spiel ist das Vorderholz. Es bedarf schon einigen Geschicks, diesen Kegel zu fällen ohne den König zu treffen.
Trauen Sie sich noch nicht so viel Fertigkeit zu, so können Sie von Anfang an darauf verzichten, das Vorderholz mit aufzustellen.

Die Wertung

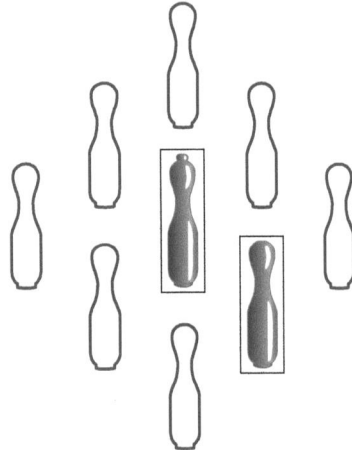

Paar mit rechter Dame: 4 Punkte

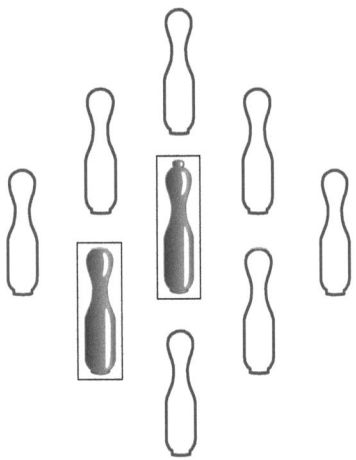

Paar mit linker Dame: 3 Punkte

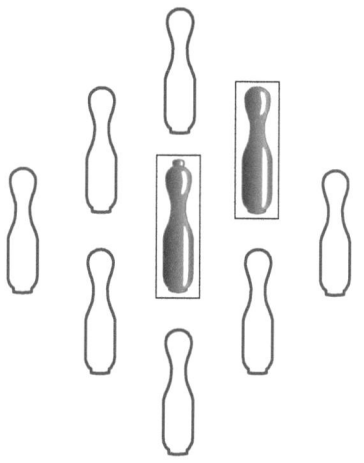

Paar mit rechter Hinterdame: 2 Punkte

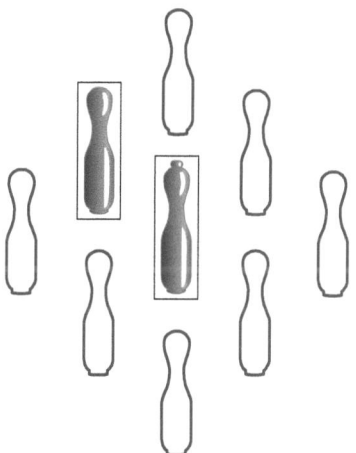

Paar mit linker Hinterdame: 1 Punkt

Aufstellen

Wettkampf: Einzel- oder Paarspiel
Aufgesetzte Kegel: in jedem Durchgang aufsteigend von 1 bis 9; Bild: beliebig
Kugeln pro Spieler: 1 in jedem Durchgang; eventuell ab dem 4. Kegel 2 Kugeln, ab dem 6. Kegel 3 Kugeln
Anzahl der Durchgänge: 9

Beim Aufstellen bestimmen Sie zwar das Bild selbst, auf das Sie werfen möchten, jedoch nicht die Anzahl der Kegel. Sie müssen Ihr Bild mit einer einzigen Kugel abräumen. Zunächst steht nur der König auf der Platte. Treffen Sie ihn, erhalten Sie für den anschließenden Wurf zwei Kegel, die Sie nach Belieben aufstellen lassen. Mit jedem Bild, das Sie abräumen, erhalten Sie einen zusätzlichen Kegel. Ihre Aufgabe wird also von Wurf zu Wurf schwieriger. Gelingt es Ihnen nicht mehr, das aufgestellte Bild abzuräumen, wird Ihnen die Holzzahl Ihres vorletzten Bildes gutgeschrieben.

Varianten

Ab dem vierten Kegel bekommen Sie zwei Kugeln, um abzuräumen, ab dem sechsten Kegel drei Kugeln.

Beim Paarspiel ist es leichter, höhere Punktezahlen zu erzielen. Denn jedes Paar hat zwei Kugeln. Der erste Spieler schiebt auf das Bild und der zweite muss den Rest abräumen. Ab dem sechsten Kegel können Sie jedem Spieler eines Paares auch eine zweite Kugel zugestehen.

Treppenwurf

Wettkampf: Einzelspiel
Aufgesetzte Kegel: alle
Kugeln pro Spieler: in jedem Durchgang aufsteigend von 1 bis 5
Anzahl der Durchgänge: 5

Beim Treppenwurf ist einerseits Schubkraft und andererseits Behutsamkeit wichtig, damit Sie bei diesem Spiel gut abschneiden.
Sie spielen fünf Durchgänge und haben im ersten nur eine Kugel. Pro Durchgang erhalten Sie immer eine Kugel mehr, sodass Sie im fünften Durchgang mit fünf Kugeln spielen. Sie müssen mit genau der Anzahl von Kugeln, die Ihnen im jeweiligen Durchgang zur Verfügung stehen, die Platte abräumen. Dies dürfte zwar einigen Spielern beim ersten und beim fünften Wurf besonders schwer fallen, trotzdem gibt es für diese Aufgaben keine Extrapunkte.

Die Wertung

In jedem Durchgang können Sie maximal 12 Punkte erreichen. Hiervon ziehen Sie die Kegel ab, die nach der letzten Kugel stehen geblieben sind.
Haben Sie die Platte vorzeitig abgeräumt, wird neu aufgestellt und die maximal erreichbare Punktezahl auf 6 Punkte halbiert. Treffen Sie mit Ihrer Kugel kein Holz, werden Ihnen 4 Punkte für diesen Wurf abgezogen. Vorzeitiges Abräumen notiert der Schreiber mit einem Kreuz; Fehl- und Nullwürfe vermerkt er mit der Ziffer Null neben dem Ergebnis in der Tabelle.

Neun abstreichen

Wettkampf: Einzelspiel
Aufgesetzte Kegel: alle
Kugeln pro Spieler: 1, beim Neuaufstellen 2
Anzahl der Durchgänge: bis 1 Spieler alle Neune abstreichen konnte

Bei diesem Spiel werfen Sie meist nur auf den Rest, den Ihr Vorgänger stehen gelassen hat. Wollen Sie auf die volle Platte zielen, müssen Sie sie erst einmal abräumen.
Jedem Spieler werden die Ziffern von Eins bis Neun unter seinen Namen an die Tafel geschrieben. Ihre Aufgabe ist es, möglichst mit jedem Wurf eine unterschiedliche Holzzahl zu fällen. Denn entsprechend Ihrer Trefferzahl wird Ihnen eine Ziffer von der Tafel gelöscht.
Der erste Teilnehmer schiebt in die Vollen. Die nachfolgenden Spieler schieben auf die verbleibenden Kegel. Solange noch Kegel auf der Platte stehen, zählt nur das geworfene Holz.
Räumen Sie die Platte ab, dürfen Sie sich entweder die Neun von der Tafel wischen lassen oder neues Aufstellen verlangen. Lassen Sie neu aufstellen, erhalten Sie eine zweite Kugel. Bevor Sie jedoch werfen, müssen Sie dem Anschreiber sagen, ob die miteinander addierten Treffer beider Würfe gezählt werden sollen oder nur das Holz Ihres zweiten Wurfs.
Wer zuerst alle neun Ziffern von der Tafel löschen konnte, hat das Spiel gewonnen. Um die übrigen Ränge zu ermitteln, zählen Sie die verbliebenen Ziffern jedes Spielers zusammen.

Bilderkegeln

Beim Bilderkegeln werden je nach Spiel nur bestimmte Kegel aufgestellt beziehungsweise müssen Sie bestimmte Kegel aus dem vollen Bild herausschlagen. Erst durch die automatisierten Kegelbahnen hat das Bilderkegeln seine »wahre Blüte« und Verbreitung gefunden. Die Spiele des Bilder- oder Figurenkegelns heißen auch Meisterspiele. Schließlich erfordern sie einiges Geschick mit der Kugel. Für einen Anfänger hält sich daher der Spaß beim Bilderkegeln noch deutlich in Grenzen. Gleichwohl sollte er sich vor diesen Spielen nicht scheuen, kann er doch gerade an ihnen seine Wurftechnik und Treffsicherheit schulen.

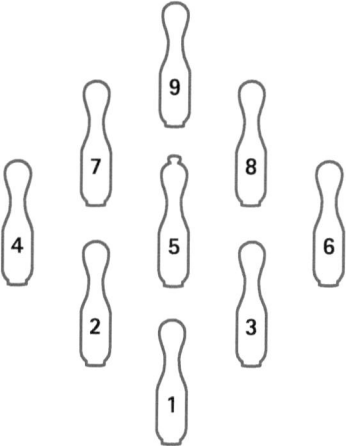

Bilderwerfen

Wettkampf: Einzel- oder Mannschaftsspiel
Aufgesetzte Kegel: alle, im 4. Wurf nach Punktezahl
Kugeln pro Spieler: 4 in jedem Durchgang
Anzahl der Durchgänge: beliebig viele

Beim *Bilderwerfen* können Sie mit ein wenig Glück, aber mit noch mehr Geschick Ihr Ergebnis beträchtlich nach oben schrauben.
Pro Durchgang erhält jeder Spieler vier Kugeln. Die Zahl der Durchgänge sollten Sie vorab festlegen.

Die ersten drei Würfe gehen in die Vollen. Die Zahl des gefallenen Holzes schreiben Sie für jeden Teilnehmer von rechts nach links an. Fällt eine bereits notierte Kegelzahl, gibt es für diesen Wurf 0 Punkte. In dieser Weise steht nach drei Würfen günstigstenfalls eine dreistellige Zahl und im schlechtesten Fall eine einstellige Zahl als Ergebnis an der Tafel.
Für den vierten Wurf werden die Kegel aufgestellt, deren Nummern der erreichten Zahl der drei ersten Würfe entsprechen. Gelingt es dem Spieler dieses Bild abzuräumen, verdoppelt sich sein bisheriges Ergebnis.

Ein Beispiel

Ein Spieler hat im ersten Wurf drei Holz, im zweiten Wurf neun Holz und im dritten Wurf fünf Holz. Sein Ergebnis lautet 593. Für den vierten Wurf werden die Kegel 3, 5 und 9 aufgesetzt. Räumt der Spieler dieses Bild ab, bekommt er nochmals 593 Punkte. Sein Endergebnis lautet dann 1186 Punkte. Hätte er indes im dritten Wurf nochmals drei Holz geworfen, stände 093 an der Tafel. Mit seinem vierten Wurf müsste er zwar nur die Kegel 3 und 9 treffen, könnte allerdings auch nur 93 Punkte hinzugewinnen.

Würfeln

Wettkampf: Einzel- oder Mannschaftsspiel
Aufgesetzte Kegel: entsprechend dem Würfelbild
Kugeln pro Spieler: 3 in jedem Durchgang
Anzahl der Durchgänge: 6
Zusätzliches Material: Würfel

Würfeln ist ein Glücksspiel, folglich können Sie sich bei diesem Kegelspiel mit einer Portion Glück auch gut über die Runden retten. Sie spielen insgesamt sechs Durchgänge und haben pro Durchgang drei Kugeln.
Zudem benötigen Sie einen Würfel, mit dem sich jeder Spieler das Bild erwürfelt, auf das er schieben muss. Das heißt, dass der Stand der Kegel der Anordnung der Augen des Würfels entspricht.
Der erste Wurf geht ins ganze Bild, die beiden restlichen auf das verbleibende Holz.

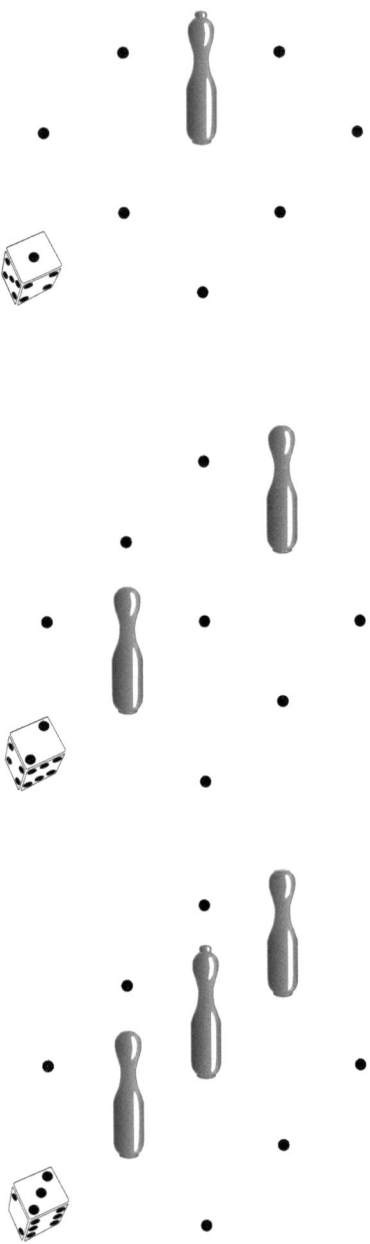

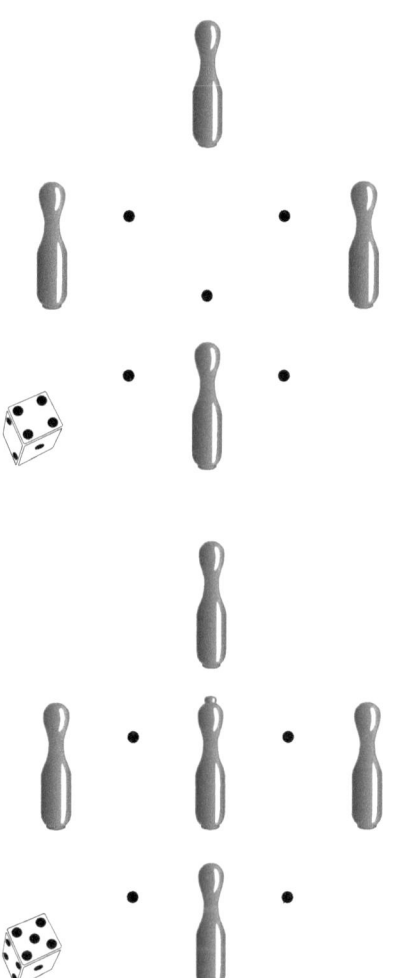
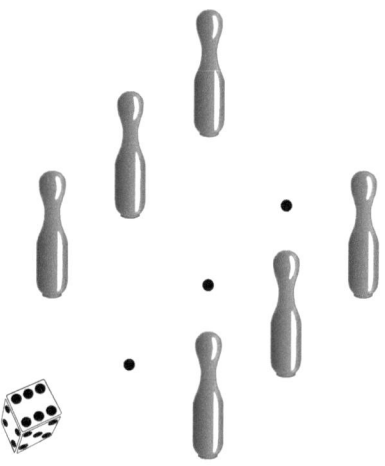

Die Wertung

Gewertet wird in Minuspunkten.
▶ Ein Wurf benötigt: 0 Punkte
▶ Zwei Würfe benötigt: 1 Minuspunkt
▶ Drei Würfe benötigt: 2 Minuspunkte
▶ Jedes verbleibende Holz: zusätzlich 1 Minuspunkt.

Variante

Manche Spieler lassen dem Glück beim Kegeln nur ungern so viel Raum. Sie werten daher die Holzzahl abgeräumter Bilder zunächst als Pluspunkte, von denen sie die Minuspunkte für die erforderlichen Würfe abziehen. So bringt beispielsweise eine Eins im ersten Wurf 1 Pluspunkt, im zweiten Wurf 0 Punkte und im dritten Wurf 1 Minuspunkt. Eine Sechs im dritten Wurf brächte hingegen 4 Pluspunkte (sechs Holz minus 2 Punkte für drei benötigte Würfe).

Fünfer werfen

Wettkampf: Einzelspiel
Aufgesetzte Kegel: je 5 in der schwarzen Serie; alle in der weißen Serie
Kugeln pro Spieler: 2 in jedem Durchgang
Anzahl der Durchgänge: 8

Nicht mehr alle Neune, sondern alle Fünfe gilt es beim *Fünfern* zu werfen. Hierfür hat jeder Spieler zwei Kugeln pro Durchgang. Insgesamt gibt es acht Durchgänge, und zwar eine *schwarze Serie* und eine *weiße Serie*. Da die *weiße Serie* sehr anspruchsvoll ist, dürfen weniger Geübte entweder aussetzen oder sie erhalten ihre erreichten Punktezahl verdoppelt.

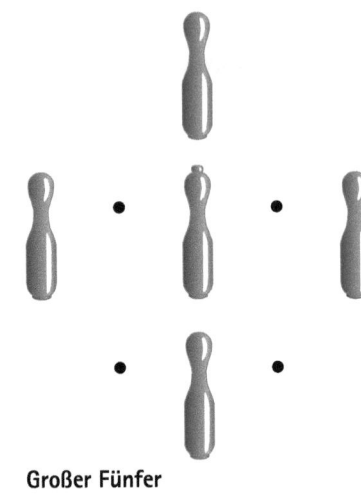

Großer Fünfer

Die schwarze Serie

Hierfür stellen Sie nacheinander mit jeweils fünf Kegeln die vier abgebildeten Bilder auf. Pro Durchgang wirft jeder Spieler auf das gleiche Bild.
Der erste Wurf geht auf das aufgestellte Bild, der zweite auf den verbleibenden Rest. Fällt ein Bild mit dem ersten Wurf, wird es für den zweiten noch einmal aufgestellt.

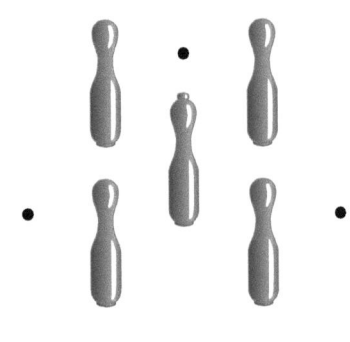

Kleiner Fünfer

Die Wertung

Nur ein gänzlich abgeräumtes Bild wird gewertet:

Großer Fünfer
▶ Im ersten Wurf: 40 Punkte
▶ Im zweiten Wurf: 20 Punkte

Kleiner Fünfer
▶ Im ersten Wurf: 20 Punkte
▶ Im zweiten Wurf: 10 Punkte

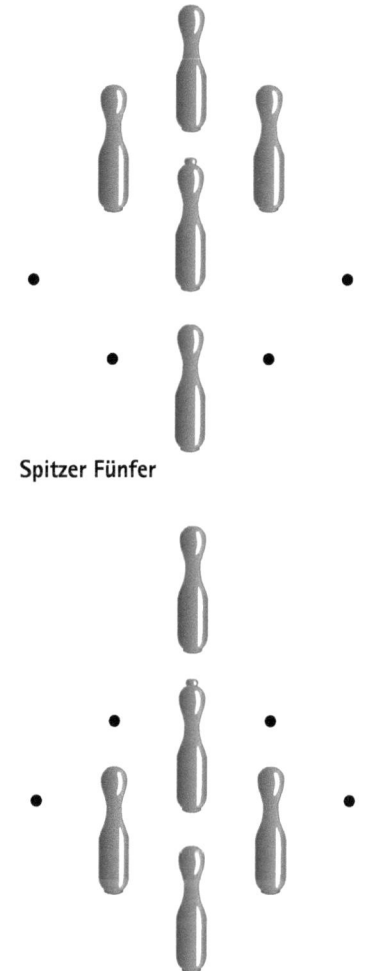

Spitzer Fünfer

Falscher Fünfer

Die weiße Serie

Hier geht es darum, die vier Fünferbilder aus der vollen Platte herauszuwerfen. Folglich schieben Sie mit der ersten Kugel auf die Vollen und mit der zweiten auf den verbleibenden Rest. Die Punktverteilung entspricht der der *schwarzen Serie*.

Hat ein Spieler im ersten Wurf auch Holz getroffen, das nicht fallen darf, werden diese Kegel gegen Punkteabzug wieder zurückgesetzt. Das passiert vor allem beim Bild *Kleiner Fünfer*. Die Strafpunkte für erneut aufgesetzte Kegel staffeln sich folgendermaßen:
- ▶ Für ein Holz: 1 Punkt
- ▶ Für zwei Holz: 2 Punkte
- ▶ Für drei Holz: 4 Punkte
- ▶ Für vier Holz: 8 Punkte

Räumt ein Spieler im ersten Wurf alle Neune ab, muss er vier Holz zukaufen.
Da diese vier Kegel dort aufgesetzt werden, wo kein Holz fallen darf, steht das geforderte Fünferbild bereits zum zweiten Wurf. Damit Sie dieses Bild werten können, müssen Sie in diesem Fall mit der zweiten Kugel einen Durchläufer schieben.

Spitzer Fünfer
- ▶ Im ersten Wurf: 10 Punkte
- ▶ Im zweiten Wurf: 5 Punkte

Falscher Fünfer
- ▶ Im ersten Wurf: 10 Punkte
- ▶ Im zweiten Wurf: 5 Punkte

Tutti frutti

Wettkampf: Einzelspiel
Aufgesetzte Kegel: 6 (Orange, Zitrone); 4 (Banane)
Kugeln pro Spieler: 1 in jedem Durchgang
Anzahl der Durchgänge: 3 mal 3

Einen Obstsalat aus Orangen, Zitronen und Bananen richten sich hier die Spieler gemeinsam an.

Jeder hat pro Durchgang eine Kugel. Der Reihe nach werden die drei Bilder *Orange*, *Zitrone* und *Banane* aufgestellt.

Die Spieler werfen nacheinander auf das jeweilige Bild beziehungsweise auf den verbleibenden Rest, bis das letzte Holz fällt oder eine Kugel nicht trifft. Pudel oder Pumpen werden hierbei übergangen. Trifft ein Spieler nicht, wird das Bild neu aufgesetzt.

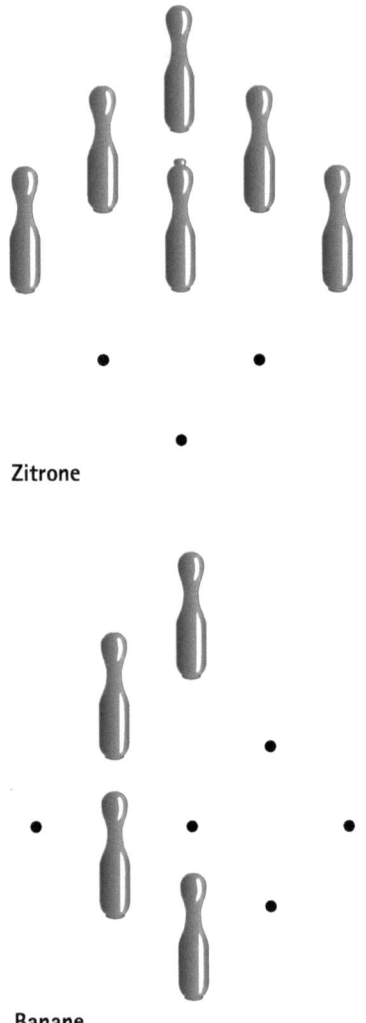

Zitrone

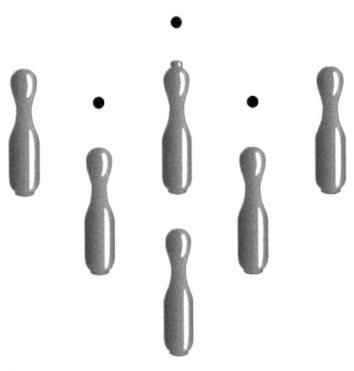

Orange

Banane

Da die Punkte für das Bild jedoch nur derjenige Spieler gutgeschrieben erhält, der das letzte Holz von der Platte wirft, gehört ein geschicktes Vorbeizielen am restlichen Bild auch gelegentlich mit zur Taktik dieses Spiels. Auf die gesamte Bilderreihe sollte wenigstens dreimal gespielt werden, bevor die Partie endet.

Die Wertung

Zitrone
▶ Im ersten Wurf: 12 Punkte
▶ Danach: 8 Punkte

Orange
▶ Im ersten Wurf: 15 Punkte
▶ Danach: 10 Punkte

Banane
▶ Im ersten Wurf: 9 Punkte
▶ Danach: 6 Punkte

Eisbärenjagd

Wettkampf: Einzelspiel
Aufgesetzte Kegel: 8 (ohne König) und u.U. 1 (der König)
Kugeln pro Spieler: 1 pro Wurf, bis die Platte abgeräumt ist
Anzahl der Durchgänge: 1

In diesem Spiel verwandeln sich die Kegel in brummige Eisbären. Darum muss bei der Eisbärenjagd zwar jede Kugel treffen, gleichwohl sollten Sie sich aber vor zu vielen Treffern hüten.
Stellen Sie sich vor: Acht Eisbären sitzen um ein Eisloch herum. Hierzu stellen Sie einen Kranz ohne König auf. Damit jeder Eskimo seine Angel auswerfen kann, muss er die Eisbären vertreiben. Mit seiner Kugel darf er aber nicht mehr als zwei Eisbären auf einmal erledigen. Das bedeutet, jeder Spieler darf in seinem Durchgang solange werfen, wie er einen oder zwei Kegel, also Eisbären, trifft. Hat er die Platte geräumt, ist der nächste Spieler an der Reihe. Trifft er keinen Bären, so reizt er nur die Meute. Trifft er mehr als zwei Eisbären, so verletzt er die anderen nur und macht sie gleichermaßen wütend. In beiden Fällen muss er sein Heil in der Flucht suchen und ins nächste Wasserloch springen. Hierzu wird der König allein auf die Platte gesetzt; er muss darauf mit einer Kugel abgekegelt werden:
▶ Gelingt dies dem Spieler, ist er gerettet und die zuvor erzielten Punkte werden ihm gutgeschrieben; freilich nur für jene Kugeln, mit denen er nicht mehr als zwei Bären traf.
▶ Verfehlt indes ein Spieler auf seiner Flucht den König, so wird er von den Bären gefressen und scheidet aus.

Feiern Sie den Spieler, der zuletzt übrig bleibt, als »Großen Bärentöter«.

Die Wertung

Da die Eisbären von Kugel zu Kugel grimmiger werden, wird folgendermaßen gewertet:
▶ Erster und zweiter Eisbär: 1 Punkt
▶ Dritter und vierter Eisbär: 2 Punkte
▶ Fünfter und sechster Eisbär: 3 Punkte
▶ Siebter und achter Eisbär: 4 Punkte

Kopierladen

Wettkampf: Einzel- oder Mannschaftsspiel
Aufgesetzte Kegel: alle
Kugeln pro Spieler: maximal 4 in jedem Durchgang
Anzahl der Durchgänge: 2

Wie in einem Kopierladen geht es auch bei diesem Spiel darum, saubere Kopien von der Vorlage zu machen, die aus den Vollen herausgeworfen wurden.

Jeder Spieler hat pro Durchgang maximal vier Kugeln. Zunächst wirft der letzte Spieler der Tabelle für den ersten Teilnehmer eine Vorlage, die dieser mit höchstens drei Kugeln exakt nachwerfen muss. Dabei darf er nach jedem Wurf neu aufstellen lassen oder auf das verbleibende Holz schieben.

Braucht er für das Bild weniger als drei Kugeln, darf er seinen Durchgang beenden oder für einen nächsten Versuch erneut in die Vollen werfen.

Verzichtet er jedoch auf einen weiteren Versuch, werden ihm für jeden nicht gemachten Wurf 5 Punkte vom Resultat abgezogen.

Die Wertung

Für Gelingen oder Nichtgelingen:
- Bild mit einem Wurf: 20 Punkte
- Bild mit zwei Würfen: 10 Punkte
- Bild im dritten Wurf: 5 Punkte
- Ein Fehlwurf: 5 Minuspunkte
- Zwei Fehlwürfe: 10 Minuspunkte
- Drei Fehlwürfe: 15 Minuspunkte

Mit der vierten Kugel wird abschließend die Vorlage für den nächsten Spieler aus den Vollen heraus geworfen. Und damit jeder sich für die Vorlage seines Vorgängers revanchieren kann, findet der darauf folgende Durchgang von hinten nach vorne statt, das heißt, dass der erste Spieler dem letzten vorlegt.

Olympische Ringe

Wettkampf: Einzelspiel
Aufgesetzte Kegel: alle
Kugeln pro Spieler: 2 in jedem Durchgang
Anzahl der Durchgänge: 5

Mit ein wenig Fantasie können Sie die olympischen Ringe in das Aufstellkreuz der oberen acht Kegel flechten. Dabei schneidet ein Kreis (oder mehrere) verschiedene Kegel an. In fünf Durchgängen spielen Sie nacheinander die fünf Ringe an. Ein Wurf ist gültig, wenn im entsprechenden Ring mindestens ein Kegel fällt und ein Kegel stehen bleibt.

Daneben darf auch weiteres Holz fallen (siehe Abbildungen zum ersten Ring).

Die fünf Ringe bedeuten:
- Asien: erster Ring, Kegel 2, 4, 5
- Australien: zweiter Ring, Kegel 3, 5, 6
- Europa: dritter Ring, Kegel 4, 7
- Afrika: vierter Ring, Kegel 5, 7, 8, 9
- Amerika: fünfter Ring, Kegel 6, 8

Die Wertung

Da das Vorderholz keinem Ring zugehört, darf es auch nicht fallen. Passiert dies trotzdem, werten Sie den Wurf negativ.
Das gesamte gefallene Holz jedes gültigen Wurfes addieren Sie. Pro Holz gibt es 1 Punkt.

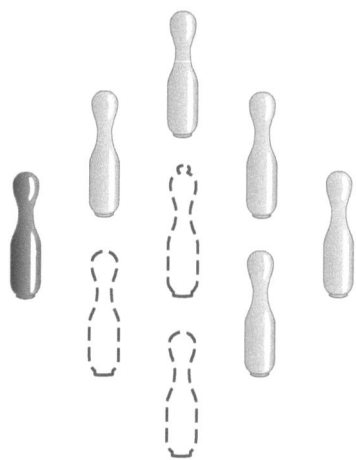

Minuswurf, da das Vorderholz mit gefallen ist.

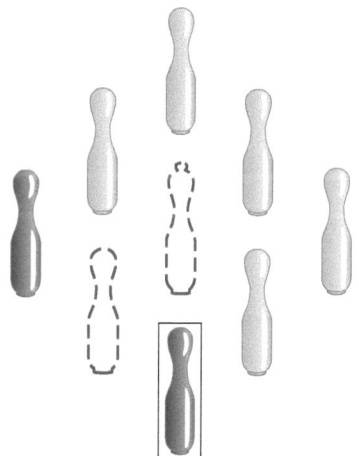

Gültiger Wurf, 4 Punkte, da nur zwei Kegel des ersten Rings gefallen sind.

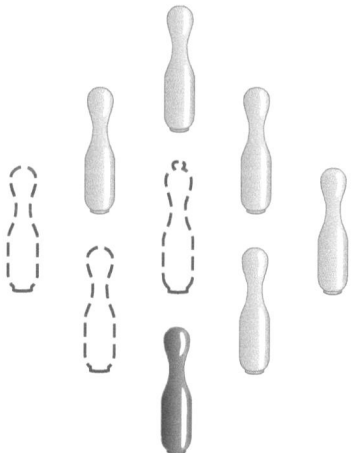

Ungültiger Wurf, denn alle drei Kegel des ersten Ringes sind gefallen.

Hohle Gassen

Wettkampf: Einzelspiel
Aufgesetzte Kegel: 7 (linke und rechte Bauerngasse); 6 (Herz)
Kugeln pro Spieler: 1 in jedem Durchgang
Anzahl der Durchgänge: 3

Beim Spiel in die *hohle Gasse*, kommt es darauf an, möglichst kein Holz zu treffen, denn jeder umgestoßene Kegel zählt 1 Minuspunkt.
Tragen Sie das Spiel in drei Durchgängen aus, wobei in jedem Durchgang eins der drei nachstehenden Bilder aufgestellt wird. Pro Durchgang erhält jeder Spieler eine Kugel, die er so durch die freigehaltene Gasse schieben muss, dass kein Holz umfällt. Fehlwürfe, also Pudel und Pumpen, muss ein Spieler wiederholen.

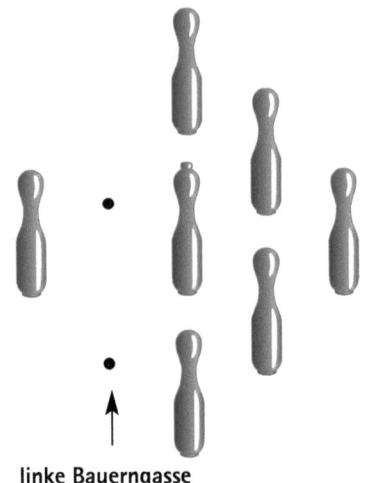

linke Bauerngasse

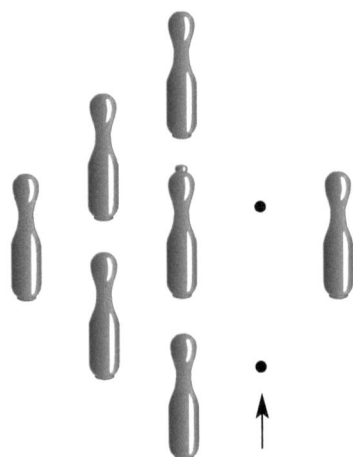

rechte Bauerngasse

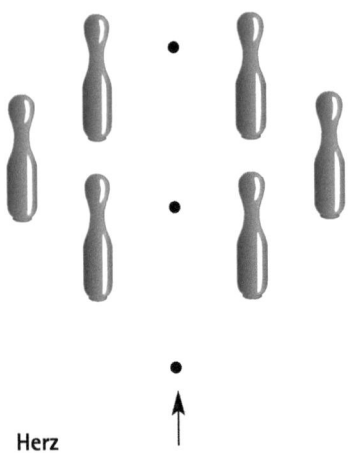

Herz

Die Pfeile zeigen die geforderte Laufrichtung der Kugel

Holz rauswerfen

Wettkampf: Einzelspiel
Aufgesetzte Kegel: alle
Kugeln pro Spieler: 2 in jedem Durchgang
Anzahl der Durchgänge: beliebig; vor Spielbeginn festsetzen

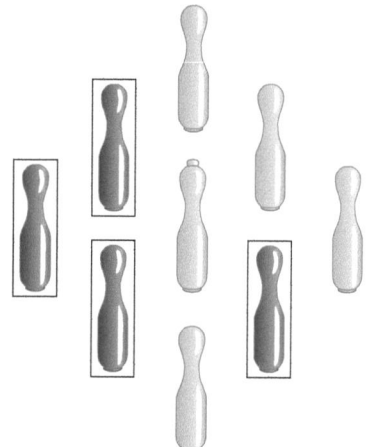

Gefordertes Bild nach dem zweiten Wurf.

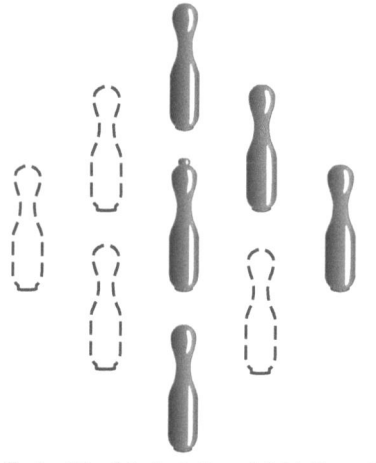

Erster Wurf: 1, 5, 6, 8 und 9 bleiben stehen und müssen im zweiten Wurf fallen; dazu alle Neune aufstellen.

Mit diesem Spiel verdienen sich eigentlich nur Profis ihre Lorbeeren; durchschnittlich gute Kegler mögen das *Holz rauswerfen* hingegen als eine hervorragende Übung begreifen. Jeder Spieler soll das verbleibende Bild des ersten Wurfes mit dem zweiten Wurf, der in die Vollen geht, abkegeln.
Jeder Spieler erhält zwei Kugeln pro Durchgang. Sein erster Wurf ist gültig, sofern mindestens ein Holz auf der Platte bleibt. Das verbleibende Bild des ersten Wurfes wird festgehalten und danach kommen erneut alle neun Kegeln auf die Platten.

Mit dem zweiten Wurf dürfen jetzt nur noch diejenigen Kegel fallen, die im ersten Wurf stehen geblieben sind.
Um also bei diesem Spiel erfolgreich zu sein, müssen Sie vor allem den ersten Wurf gut berechnen und platzieren.

Die Wertung

Zu Beginn hat jeder Teilnehmer 3 Guthabenstriche.
Wer mit seinem zweiten Wurf das geforderte Bild aus den Vollen wirft, erhält zusätzlich 1 Strich.
Misslingt der zweite Wurf, ist die Holzzahl des ersten entscheidend: Am Ende eines Durchganges wird demjenigen 1 Strich von der Tafel gelöscht, der im ersten Wurf am wenigsten Holz getroffen hat.
Haben mehrere Spieler gleich wenige Treffer, wird jedem von ihnen 1 Strich gelöscht.
Wer keinen Strich mehr hat, darf noch so lange weiterspielen, wie er nicht erneut verliert.

Damenwurf

Wettkampf: Einzelspiel
Aufgesetzte Kegel: 4
Kugeln pro Spieler: 1 in jedem Durchgang
Anzahl der Durchgänge: 4

Beim Damenwurf spielen Sie vier Durchgänge und stellen für jeden die vier Damen auf: die Kegel 2, 3, 7 und 8. Pro Durchgang hat jeder Spieler eine Kugel, um zwei oder vier Damen zu Fall zu bringen, denn es werden nur Damenpaare gewertet.

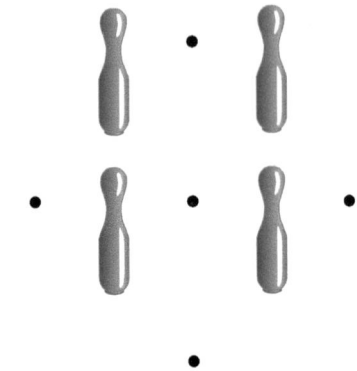

Die vier Damen

Die Wertung

Da es besonders schwer ist, alle vier Damen mit einem Wurf von der Platte zu fegen, gibt es für einen solchen Wurf 16 Punkte.

Zusätzlich für alle vier Damen
- Im ersten Durchgang: 3 Punkte
- Im zweiten Durchgang: 2 Punkte
- Im dritten Durchgang: 1 Punkt

Zusätzlich für Damenpaare
- die beiden Vorderdamen: 6 Punkte
- die beiden Hinterdamen: 6 Punkte
- die beiden linken oder die beiden rechten Damen: 4 Punkte
- die Damen über Kreuz (Kegel 2 und 8 oder Kegel 3 und 7): 4 Punkte.

Würfe, bei denen drei Damen fallen, zählen 0 Punkte.

Anker werfen

Wettkampf: Einzelspiel
Aufgesetzte Kegel: 4 für jedes Bild
Kugeln pro Spieler: 3 in jedem Durchgang
Anzahl der Durchgänge: 4

Viele Kegler bezeichnen die vier dargestellten Bilder als Anker. Sie werden in vier Durchgängen nacheinander aufgestellt.
Jeder Spieler hat maximal drei Kugeln pro Durchgang, um den jeweiligen Anker »zu versenken«. Dabei bekommt er für das zweite und das dritte Bild höhere Punktezahlen, denn diese Anker sind schwerer zu treffen.

Die Wertung

Nur wer alle vier Kegel abräumt, erhält Punkte.

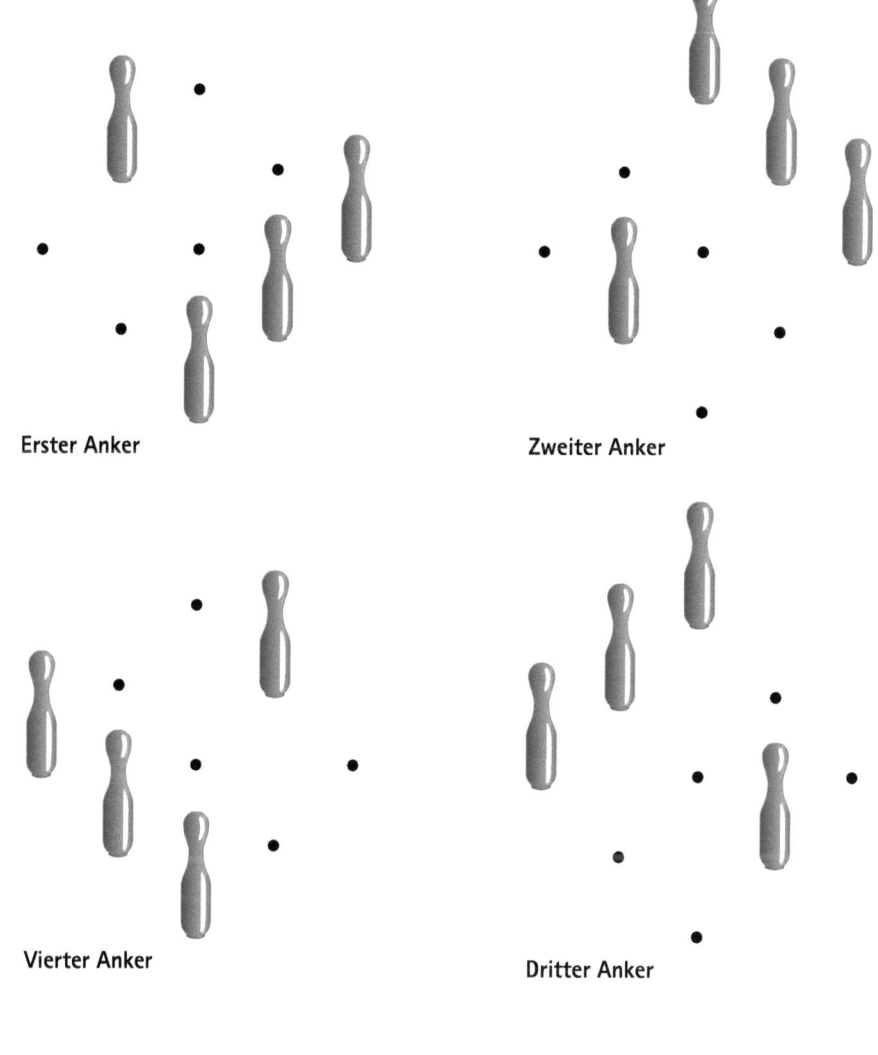

Erster und vierter Anker
- Im ersten Wurf: 4 Punkte
- Im zweiten Wurf: 2 Punkte
- Im dritten Wurf: 1 Punkt

Zweiter und dritter Anker
- Im ersten Wurf: 8 Punkte
- Im zweiten Wurf: 6 Punkte
- Im dritten Wurf: 5 Punkte

Mannschafts- und Partnerspiele

Als Partnerspiele oder Paarkampf bezeichnet man Spiele, bei denen zwei Teilnehmer gemeinsam gegen andere Paare um den Sieg streiten. Partnerspiele bringen vor allem in Kegelrunden Stimmung, in denen Männer und Frauen gleichermaßen stark vertreten sind. In Kegelrunden mit unterschiedlich erfahrenen Spielern verschaffen Partnerspiele einen entsprechenden Ausgleich. Bei Mannschaftsspielen gilt dies gleichermaßen.

Nach der »offiziellen« Regel besteht eine Mannschaft aus mindestens sechs Spielern. Dies ist übrigens auch der Grund, warum ein Kegelklub mindestens sechs Mitglieder haben sollte, damit er auch als Mannschaft gegen andere antreten kann.

Die Spielvarianten für Mannschafts- und Partnerspiele reichen vom Spiel in die Vollen bis zum Bilderkegeln.

Rotschwanz

Art des Spiels: Abräumspiel
Wettkampf: Paar-, oder Mannschaftsspiel
Aufgesetzte Kegel: alle
Kugeln pro Partei: 5 pro Durchgang
Anzahl der Durchgänge: Paarspiel = 5
Mannschaftsspiel = 6

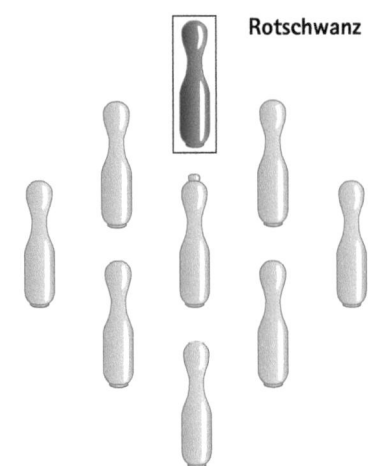

Der oberste Kegel, auch *Rotschwanz* genannt, muss bei diesem Spiel als einziges Holz stehen bleiben, damit gewertet werden kann. Jede Partei erhält fünf Kugeln pro Durchgang. Das bedeutet, dass bei Mannschaftsspielen reihum immer ein Spieler pausiert.

Die Zahl der Schübe entscheidet über die Punktezahl: Der erste Wurf geht in die Vollen. Mit jedem Wurf muss mindestens ein Holz fallen.

Nach jedem Durchgang beginnt die Mannschaft, die zuletzt geworfen hat, den neuen Durchgang.

Die Wertung

Gelingt ein Rotschwanz, gibt es folgende Punkte:
- ▶ Mit dem ersten Wurf: 100 Punkte
- ▶ Mit dem zweiten Wurf: 40 Punkte
- ▶ Mit dem dritten Wurf: 20 Punkte
- ▶ Mit dem vierten Wurf: 10 Punkte
- ▶ Mit dem fünften Wurf: 50 Punkte

Die Punkteverteilung führt zu taktischem Vorgehen. Die Spielweise verschärft sich zusätzlich dadurch, dass Sie nach einem *Rotschwanz* entscheiden dürfen, ob Sie für die verbleibenden Schübe erneut aufsetzen lassen oder auf weitere Schübe verzichten. Gelingt der Partei jedoch kein weiterer *Rotschwanz*, wird ihr dieser Durchgang mit 0 Punkten verbucht.

Nach fünf Durchgängen beim Paarspiel beziehungsweise nach sechs Durchgängen beim Mannschaftsspiel ist das Spiel beendet. Die siegreiche Partei wird durch die Punktedifferenz bestimmt.

Zwillingswerfen

Art des Spiels: In die Vollen
Wettkampf: Paarspiel
Aufgesetzte Kegel: alle
Kugeln pro Paar: 2 in jedem Durchgang
Anzahl der Durchgänge: 12

Bei diesem Spiel hätten es echte Zwillinge wahrscheinlich am Leichtesten, tun sie doch angeblich stets das Gleiche.

Das Ziel beim *Zwillingswerfen* sind zwei gleiche Würfe. Wenn sich die Schübe nicht im Bild gleichen, so sollten sie es wenigstens in der Holzzahl tun, damit Ihr Punktekonto stimmt.

Das Spiel besteht aus zwölf Durchgängen. Pro Durchgang erhält jedes Paar zwei Kugeln und spielt jedesmal in die Vollen. Der erste Spieler legt vor und der zweite versucht, den Wurf in der Holzzahl und möglichst als Bild zu wiederholen. Im zweiten Durchgang legt der zweite Spieler vor und der andere wirft nach.

Die Wertung

Für einen gültigen Wurf müssen wenigstens zwei Holz fallen.
- ▶ Ungleiche Holzzahl: jedes Holz zählt 1 Punkt.
- ▶ Gleiche Holzzahl: Das Einzelresultat wird mit sich selbst multipliziert; zum Beispiel vier Holz pro Wurf 4x4 = 16 Punkte.
- ▶ Gleiches Bild: zuzüglich 60 Punkte zum Resultat »Gleiche Holzzahl«.

Mannschaftsspiele

	Anna + Bert		Claudia + Dieter		Else + Franz		
	Punkte	Wert	Punkte	Wert	Punkte	Wert	Differenz
1. Durchgang	3 x 5 = 15		4 x 4 = 16 + 8 = 24		7 x 4 = 28	17	13 + 4
2. Durchgang	6 x 8 = 48	51	7 x 2 = 14		5 x 5 = 25 + 6 = 30		34 + 18
3. Durchgang	6 x 5 = 30		7 x 7 = 49 + 9 = 58	44	7 x 6 = 42		28 + 16
4. Durchgang							
5. Durchgang							
6. Durchgang							

Ein mal zwei

Art des Spiels: In die Vollen
Wettkampf: Paar- oder Mannschaftsspiel
Aufgesetzte Kegel: alle
Kugeln pro Partei: Paarspiel = 2 in jedem Durchgang; Mannschaftsspiel = 2 für jeden Spieler in jedem Durchgang
Anzahl der Durchgänge: 6

Bei diesem Spiel können Sie eine beachtliche Punktedifferenz erzielen, so dass am Ende die Kasse für die Gewinnerpartei gehörig klingelt.
Es werden sechs Durchgänge ausgetragen; pro Durchgang hat jede Partei beim Paarspiel zwei Regelwürfe in die Vollen, beim Mannschaftsspiel bekommt jeder Spieler zwei Kugeln.

Die Resultate des ersten und des zweiten Wurfes multiplizieren Sie. Sind diese Resultate gleich, schieben Sie ein drittes Mal in die Vollen und zählen die Holzzahl dem Ergebnis der ersten beiden Würfe hinzu.
Auch beim *Ein mal zwei* spielen die Parteien immer abwechselnd. Hat Mannschaft 1 den ersten Durchgang beendet und das Ergebnis notiert, ist Mannschaft 2 an der Reihe. Danach erhält der Gewinner des Durchgangs die Punktedifferenz gutgeschrieben.
Nach jedem Durchgang beginnt das Paar, das als letztes geworfen hat.
Am Spielende addieren Sie die Punkte in den Spalten »Wert«. Das oben stehende Beispiel der Notation gilt für Paarspiele.

Echternacher Springprozession

Art des Spiels: In die Vollen
Wettkampf: Mannschaftsspiel
Aufgesetzte Kegel: alle
Kugeln pro Spieler: 1 in jedem Durchgang
Anzahl der Durchgänge: abhängig von der festgesetzten Zeit

Bei der *Echternacher Springprozession* muss man sich ordentlich bewegen und kommt doch nur langsam voran. Nicht anders ist es bei diesem Spiel. Wobei eine Mannschaft voller Pechvögel sogar über den Start nicht hinauskommen kann.
Am meisten Spaß macht diese Partie, wenn jede Mannschaft nicht nur auf Punkte, sondern auch auf Zeit kegelt, zum Beispiel je sechs Minuten. Innerhalb dieser Zeit darf jede Mannschaft so oft wie möglich in die Vollen werfen.
Die Teams losen die Reihenfolge ihrer Spieler aus. Jeder hat pro Durchgang eine Kugel. Nach sechs Minuten stoppen Sie das Spiel und ermitteln das Ergebnis.

Die Wertung

▶ Alle Würfe mit ungerader Holzzahl zählen »plus«.
▶ Alle Würfe mit gerader Holzzahl zählen »minus«.

Demzufolge kann es einer unglücklichen Mannschaft passieren, dass sie im Minus landet.

Staffelkampf

Art des Spiels: Abräumspiel
Wettkampf: Einzel- oder Mannschaftsspiel
Aufgesetzte Kegel: alle
Kugeln pro Spieler: unbegrenzt, bis abgeräumt ist
Anzahl der Durchgänge: entsprechend der Mannschaftsstärke

Wie bei einem Staffellauf messen auch hier die Mitglieder zweier Mannschaften gegenseitig ihre Kräfte; entsprechend spannend gestaltet sich das Spiel.
Jede Mannschaft schickt einen Spieler auf die Bahn. Wechselweise schiebt jeder eine Kugel. Der erste Spieler wirft in die Vollen, sein Gegner kegelt auf das verbleibende Bild. Danach ist der erste Spieler wieder an der Reihe. Es wird solange wechselweise geschoben, bis entweder die Platte abgeräumt ist oder ein Spieler kein Holz mehr trifft.

Die Wertung

Räumt ein Spieler ab, erhält die gegnerische Mannschaft 3 Minuspunkte.
▶ Trifft ein Spieler kein Holz, werden seiner Mannschaft die verbleibenden Kegel als Minuspunkte angeschrieben.
▶ Danach darf der Gegenspieler noch eine Kugel schieben. Räumt er hierbei die Platte, erhält die gegnerische Mannschaft zuzüglich zu dem zuvor stehen gebliebenen Holz noch 3 Minuspunkte fürs Abräumen.

Wer nach dem Vergleichskampf die meisten Minuspunkte verbucht, verliert das Spiel.

Magisches Quadrat

Art des Spiels: In die Vollen
Wettkampf: Einzel- oder Mannschaftsspiel
Aufgesetzte Kegel: alle
Kugeln pro Spieler: 1 in jedem Durchgang
Anzahl der Durchgänge: 9

9	1	4
5	8	3
9 ₁	6 ₁	9

24 + 6 + 6 = 36

Die Magie stellt so manches auf den Kopf. Und so kann es Ihnen bei diesem Spiel passieren, dass Sie trotz höchster Holzzahl auf den hinteren Plätzen landen. Darum ist hier Ihr Gespür für Zahlen ebenso wichtig wie Ihre Treffsicherheit.

Sie können mehrere gleich starke Mannschaften bilden, wobei jede aus mindestens vier Personen bestehen soll. Jeder Spieler hat pro Durchgang eine Kugel und spielt stets in die Vollen.

Malen Sie für jedes Team ein Drei-mal-drei-Felder großes Kästchen auf, in das Sie die neun Wurfergebnisse der jeweiligen Mannschaften eintragen. Dazu zählen Sie die Holzzahl zusammen, die eine Gruppe in einem Durchgang erreicht und bilden die Quersumme. Die erste schreiben Sie in das Feld links oben, alle weiteren Ergebnisse dieser Gruppe tragen Sie fortlaufend von links nach rechts und von oben nach unten ein. Wenn alle Teams die neun Durchgänge absolviert haben, addieren Sie spaltenweise die Quersummen des »Mannschaftskästchens«. Aus dieser Summe bilden Sie ebenfalls die Quersumme. Die so ermittelten Ergebnisse bestimmen, wer die siegreiche Mannschaft ist.

Ein Beispiel

Die erste Gruppe hat die neun Quersummen 9, 1, 4, 5, 8, 3, 9, 6 und 9 gekegelt. Die drei dreistelligen Zahlen addieren Sie von rechts nach links und erhalten die Summe 2466:

```
  9 1 4
  5 8 3
  9 6 9
  ─────
  2 4 6 6
```

Aus 2466 bilden Sie die Quersumme, indem Sie 24+6+6 addieren (36).

Zur Taktik

Durch die besondere Form des Anschreibens und des Addierens ist es wichtig, dass Sie in der ersten Spalte möglichst so viel Holz werfen, dass eine hohe Quersumme zustande kommt.

Dies kann Ihnen beispielsweise mit 5+1+2+1 Holz = 9 Punkte gelingen, während Sie mit 5+2+2+1 Holz = 10 Punkte nur die Quersumme 1 erreichen.

Raubritterei

Art des Spiels: In die Vollen
Wettkampf: Mannschaftsspiel
Aufgesetzte Kegel: alle
Kugeln pro Spieler: 1 in jedem Durchgang
Anzahl der Durchgänge: 5

Bei diesem Spiel kassiert die überlegene Mannschaft in Raubrittermanier, was sich die andere mühsam erobert hat.
Das Spiel hat fünf Durchgänge. Pro Durchgang erhält jeder Spieler eine Kugel. Es wird stets in die Vollen geworfen.
Abwechselnd wirft jeweils ein Spieler der einen Mannschaft und einer der anderen. Für einen gültigen Wurf muss mindestens ein Holz fallen; geschieht dies nicht, muss der entsprechende Spieler nachwerfen.
Schreiben Sie die Punkte zunächst einzeln an und zählen Sie sie erst am Ende eines Durchgangs mannschaftsweise zusammen. Das Team mit dem höheren Punktestand gewinnt die gegnerischen Punkte hinzu. Folglich sollte eine unaufholbar im Rückstand liegende Mannschaft möglichst wenig Holz schieben.

Die Wertung

- ▶ Jedes gefallene Holz: 1 Punkt
- ▶ Gefallenes Vordereck: jedes Holz doppelt
- ▶ Alle Neune: 36 Punkte
- ▶ Kranz: 48 Punkte
- ▶ Herz: 12 Punkte

Mannschaft 1				
Anna	Bert	Carl	Gesamt	Wert
5	12	10	27	
36	14	12	62	80
10	12	48	70	104
14	12	7	33	
6	16	36	58	
Ergebnis				184

Mannschaft 2				
Doris	Eugen	Friedel	Gesamt	Wert
48	7	16	71	98
5	12	1	18	
14	14	6	34	
3	36	14	53	86
5	10	48	63	121
Ergebnis				305

Aufdrängen

Art des Spiels: Abräumspiel
Wettkampf: Mannschaftsspiel
Aufgesetzte Kegel: alle
Kugeln pro Spieler: möglichst wenige
Anzahl der Durchgänge: entspricht der Mannschaftsstärke

Bei diesem Spiel können Sie sich um schwierige Würfe drücken, indem Sie sie der gegnerischen Mannschaft aufdrängen und dafür meist noch Punkte kassieren.
Die Aufgabe für jeden Spieler einer Mannschaft besteht darin, mit möglichst wenigen Kugeln die Platte zu räumen. Jede von ihm hierfür benötigte Kugel wird seiner Mannschaft mit 1 Minuspunkt verbucht.
Die Mannschaften schicken im Wechsel nacheinander je einen Spieler auf die Bahn. Sobald nur noch vier oder weniger Kegel stehen, darf ein Teilnehmer sein Spiel abbrechen und den nächsten Wurf der gegnerischen Mannschaft aufdrängen. Diese muss nun einen Spieler benennen, der die Platte mit einer einzigen Kugel abräumt:
▶ Gelingt es ihm nicht, werden seiner Mannschaft zuzüglich zu dem Minuspunkt für die Kugel noch 3 Minuspunkte hinzugezählt.
▶ Schafft er es, werden 7 Minuspunkte vom Konto seiner Mannschaft abgezogen.

Das Aufdrängen lohnt sich also nur bei nahezu unlösbaren Stellungen. Eine solche Stellung herauszukegeln, ist daher die eigentliche Kunst dieses Spiels.

Das Pyramidenspiel

Art des Spiels: In die Vollen
Wettkampf: Einzel- oder Mannschaftsspiel
Aufgesetzte Kegel: alle
Kugeln pro Spieler: 1 in jedem Durchgang
Anzahl der Durchgänge: mindestens 25

Beim *Pyramidenspiel* versorgt sich jede Mannschaft selbst mit »Fleißaufgaben«, worüber sich freilich immer nur die gegnerische Partei freut.
Vor dem Spiel zeichnen Sie ein Zahlenfeld an die Tafel: Dazu schreiben Sie die Zahlen von 1 bis 5 pyramidenförmig auf und setzen die Zahlen von 6 bis 9 als auf der Spitze stehende Pyramide darunter.
Teilen Sie die Spieler durch Los in zwei Mannschaften auf. Danach werfen beide im steten Wechsel immer eine Kugel in die Vollen. Je nachdem wie viel Holz fällt, streichen Sie die entsprechende Ziffer aus dem Zahlenfeld.
Wirft eine Mannschaft eine Zahl, die im Feld nicht mehr frei ist, wird ihr diese als Fleißaufgabe übertragen. Das bedeutet, dass die Mannschaft diese Zahl erneut werfen muss, damit sie ihr wieder gestrichen wird.
Die Mannschaft, die durch ihren Wurf dafür sorgt, dass die letzte freie Ziffer im Feld gestrichen wird, ist Sieger, sofern sie keine Fleißaufgabe mehr abarbeiten muss. Andernfalls gewinnt die gegnerische Mannschaft, jedoch nur, wenn in ihrem Feld keine Fleißaufgabe mehr ansteht.

Müssen beide Mannschaften noch Fleißaufgaben erfüllen – was in der Regel der Fall ist – gewinnt die Gruppe, die zuerst ihre Zahlen erkegeln konnte. Neue Zahlen werden aber nicht mehr hinzugeschrieben!

»Fleißaufgabe« Partei A	»Fleißaufgabe« Partei B
2 9 X	X XX XXX X 4 4 4 X XXX 5 5 X 6 6 6 7 7 7 XX X 9 X 8 2

Vorlegen

Art des Spiels: In die Vollen
Wettkampf: Einzel- oder Mannschaftsspiel
Aufgesetzte Kegel: alle
Kugeln pro Spieler: 3
Anzahl der Durchgänge: 2

Treffsichere Spieler können beim *Vorlegen* durch taktische Würfe mit hoher oder niedriger Holzzahl ihrem Gegenspieler einige Schwierigkeiten bereiten.
Es werden zwei Durchgänge gespielt. Im ersten legt die eine Mannschaft vor und die andere muss nachspielen, im zweiten Durchgang werden dann diese Aufgaben vertauscht.
Jede Mannschaft schickt nacheinander immer einen Spieler auf die Bahn. Der Spieler des ersten Teams schiebt dreimal in die Vollen. Das gefallene Holz wird addiert. Diese Holzzahl muss nun der Spieler des zweiten Teams – ebenfalls mit drei Kugeln – erzielen:
▶ Gelingt ihm dies, bekommt seine Mannschaft 0 Punkte. Das ist das beste Ergebnis, das sich beim *Vorlegen* erreichen lässt.
▶ Gelingt es ihm nicht, zählt jedes Holz, egal ob zu viel oder zu wenig, 1 Minuspunkt.

Die Mannschaft mit der niedrigsten Punktezahl gewinnt.

Partei A	Vorlage	12	3	24	20	5	22	4	3	
	Fehlholz	0	4	6	3	0	1	6	2	= 22
Partei B	Vorlage									
	Fehlholz									

Kegeln in Haus und Garten

Früher, als es noch keine Bundeskegelbahnen gab, waren die Kegelbahnen den vorhandenen Örtlichkeiten und den Bedürfnissen der Kegelfreunde angepasst. Dementsprechend gab es auch Kegelspiele unterschiedlichster Gestalt: So war etwa der *Baumelschub*, ein Kegelspiel mit einer aufgehängten Kugel, ein beliebter Zeitvertreib in vielen Wirtsgärten. Heute begegnet Ihnen von der einstigen Vielfalt noch manches auf ländlichen Volksfesten, zum Beispiel das *Kegelwerfen* (Seite 72). Andere Spiele entdecken Sie vielleicht bei Ausflügen ins Grüne, bei Badevergnügungen oder bei Familienfesten in den Vorstädten.

Gerade für Familien mit heranwachsenden Kindern ist der Kegelspaß im Grünen oder am Wohnzimmertisch eine Unterhaltung, die Jung und Alt verbindet. Der Spielwarenhandel kommt diesem Bedürfnis mit preiswerten Kegelspielen nach. Wenn Sie jedoch gern basteln, können Sie Ihr heimgerechtes Kegelspiel selbst anfertigen.

Tischkegelspiele

Wenn Sie viel Platz in Ihrer Wohnung haben, können Sie eine Tischkegelbahn (Fachhandel) verwenden, bei der die Kugel mit einer Art Billardstock auf die Kegel gestoßen wird. Auf einer solchen Kegelbahn lassen sich im Grunde genommen alle zuvor beschriebenen Kegelspiele nachvollziehen.

Wesentlich platzsparender und dafür auch entsprechend preiswerter sind Tischkegelspiele, bei denen Sie nicht mit einer Kugel auf die Kegel zielen, sondern mit einem Kreisel. Die Bahn selbst besteht aus einer holzunterfütterten, schräg gestellten Glasplatte, wodurch ein annähernd gleichwertiger Schwierigkeitsgrad wie auf einer großen Bahn gegeben ist. Auf diesem Tischkegelspiel sind daher auch beinahe alle Kegelspiele möglich.

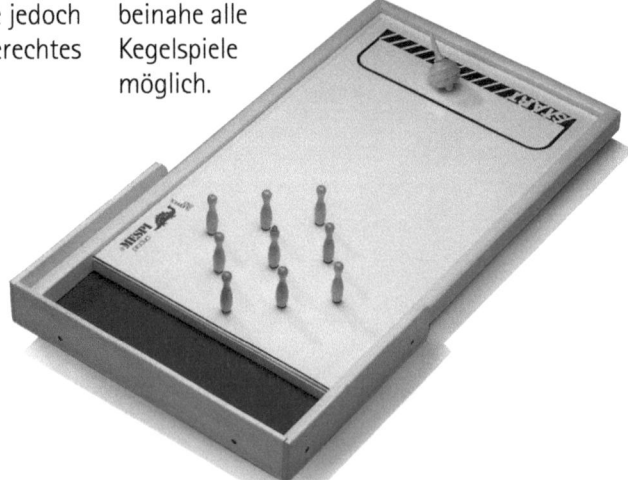

Kombinationsspiel

Art des Spiels: Bilderkegeln, Abräumspiel
Wettkampf: Einzel- oder Mannschaftsspiel
Aufgesetzte Kegel: dem jeweiligen Bild entsprechend
Kreisel: pro Spieler 3 pro Durchgang
Anzahl der Durchgänge: 5

Mit dem Tischkegelspiel ist das Bilderkegeln besonders spannend, wobei das *Kombinierte Spiel* auf die fünf Standardbilder (siehe Abbildungen) sehr viel Spaß macht. Zudem lässt sich durch das Zielen auf diese Figurenkombinationen das Gefühl für diese Bahn spielerisch trainieren.

Sie spielen fünf Durchgänge und zielen in jedem auf ein anderes der fünf Bilder. Jeder Spieler darf pro Durchgang dreimal hintereinander kreiseln. Nach jedem Schub stellen Sie das entsprechende Bild neu auf.

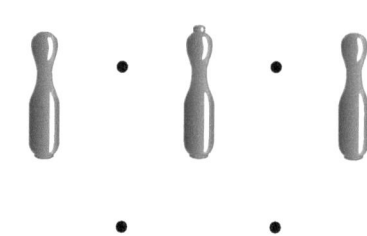
2 Hamburg

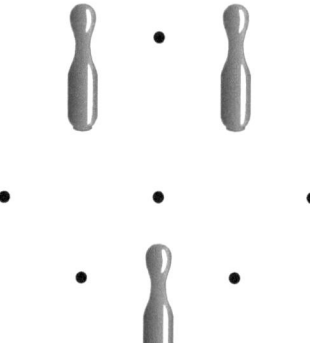
3 Kleiner Schuster (Kitz)

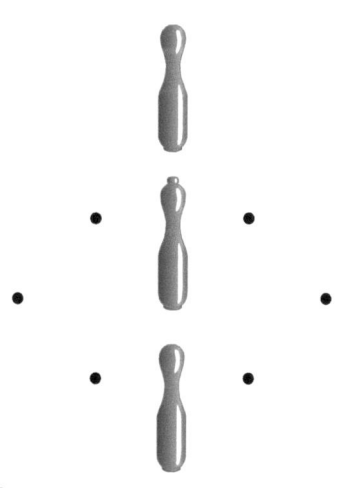
1 Stina

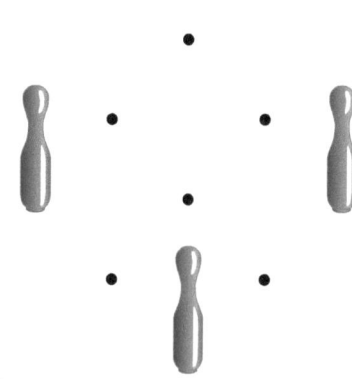
4 Großer Schuster (Bock)

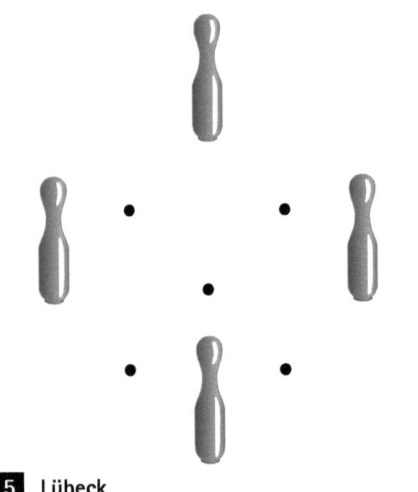

5 Lübeck

Die Wertung

Wird ein Bild nicht vollständig abgeräumt, zählt jedes gefallene Holz 2 Punkte.
Ein abgeräumtes Bild so bewertet:
- Stina: 6 Punkte
- Hamburg: 8 Punkte
- Kleiner Schuster (Kitz): 8 Punkte
- Großer Schuster (Bock): 10 Punkte
- Lübeck: 12 Punkte

Mannschaftsspiel

Art des Spiels: Abräumspiel
Aufgesetzte Kegel: alle
Kreisel pro Spieler: 1 pro Durchgang
Anzahl der Durchgänge: 3

Das Mannschaftsspiel auf der Tischkegelbahn ähnelt dem Abräumspiel auf der großen Bahn.
Die beiden Mannschaften finden sich zusammen oder das Los bestimmt die Zusammensetzung. Fehlt in einer Mannschaft ein Teilnehmer, so darf sie vor Spielbeginn jemanden benennen, der für den *Blinden* einspringt und zweimal pro Durchgang kreiselt. Alle anderen Teilnehmer haben einen Schub pro Durchgang. Sie spielen drei Durchgänge. Die Mannschaften schieben nacheinander. Der erste Schub jeder Gruppe geht in die Vollen. Die nachfolgenden Spieler zielen auf die verbleibenden Kegel. Sind alle gefallen, wird neu aufgesetzt.

Die Wertung

- Jedes gefallene Holz: 1 Punkt.
- Verbleiben am Ende eines Mannschaftsdurchgangs noch Kegel auf der Platte, wird das getroffene Holz nur gewertet, wenn auch das Vordereck gefallen ist.
- Kranz (in einem Schub oder in mehreren): 12 Punkte
- Naturneun: 18 Punkte

Nach dem dritten Durchgang addieren Sie die Mannschaftsergebnisse und bestimmen so die Sieger.

Baumelschub

Mit einem *Baumelschub* lässt sich sowohl im Freien als auch im Zimmer kegeln. Baumelschubspiele für den Tisch sind immer mal wieder im Handel erhältlich, lassen sich aber auch leicht aus vorhandenen Materialien herstellen. Es genügen: ein Haken in der Zimmerdecke, ein Ball an einer Schnur und neun Kegel aus festem Karton. Die Kegelhöhe kann kleinfingergroß bis ellenlang sein, je nachdem, ob Sie am Tisch oder auf dem Boden spielen wollen.

Für ein *Baumelschubspiel* im Freien greifen Sie am besten auf Kunststoffkegel zurück, die Sie auch beim Gartenkegeln verwenden. Die Kegel stellen Sie am besten unter einem Baum auf, die Kugel hängen Sie an einen Ast. Dazu legen Sie sie in ein Netz, das mit einer Leine versehen ist. Diese muss so lang sein, dass die Kugel die vier Eckkegel erreicht und so über der Platte pendelt, dass die aufgestellten Kegel in ihrem unteren Drittel getroffen werden können.

Nun stellen Sie die Kegel auf. Dabei muss der König genau unter dem Aufhängepunkt der Kugel stehen. Zudem stecken Sie – etwa zwei Schritte in verlängerter Linie vom rechten Bauern (Kegel 6) entfernt – einen armlangen Stock in den Boden. Um diesen Stock muss die Kugel bei jedem Wurf herumschwingen, bevor sie auf die Kegel trifft, denn beim Baumelschub wird die Kugel nicht direkt auf die aufgestellten Kegel gezielt.

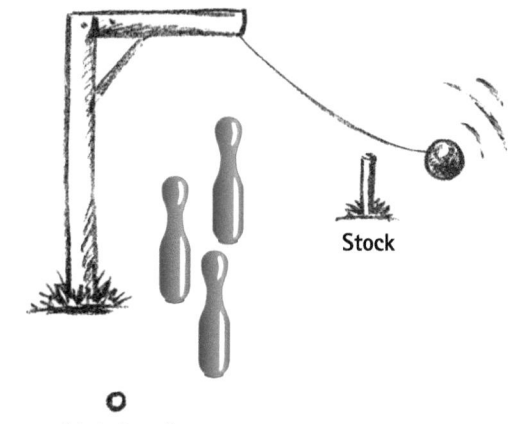

Beim Wurf steht der Spieler dem Stock gegenüber auf der anderen Seite der Platte. Wenn die Kugel zurückschwingt, muss der Spieler sie auffangen. Je nach Spiel wirft er erneut oder er übergibt sie dem nächsten Teilnehmer.

Nur die beim einmaligen Rückschwung umgestoßenen Kegel werden gewertet.

Für den *Baumelschub* eignen sich grundsätzlich alle bekannten Kegelspiele, am besten jedoch Spiele in die Vollen und Abräumspiele. Außerdem können Sie auch einige Gartenkegelspiele (ab Seite 72) für den *Baumelschub* übernehmen. Darüber hinaus ist die Variante des Blindkegelns besonders reizvoll. Hierzu verbinden Sie dem Teilnehmer die Augen, bevor er die Kugel in die Vollen schiebt.

Gartenkegeln

Für das *Gartenkegeln* oder das *Kegelwerfen* im Freien nehmen Sie Kunststoffkegel, wie sie zur Sommerzeit der Spielwarenhandel und die meisten Verbrauchermärkte für wenig Geld bereit halten.

Auch beim *Gartenkegeln* können Sie alle Formen des Kegelspiels umsetzen. Allerdings lässt sich die Kugel, sofern Sie nicht auf Pflaster spielen, nur schlecht rollen; deshalb wird sie in der Regel geworfen. Und genau dadurch ergeben sich Spielmöglichkeiten, an die auf einer Bahn nicht zu denken ist. Manche dieser Spiele sind älter als die für die Bahn, denn das Kegelwerfen ist die ursprünglichste Form des Kegelns.

Grundsätzlich müssen Sie beim *Gartenkegeln* gemeinsam mit allen Teilnehmern die Aufstellfläche und das Abwurfmal für jedes Spiel festlegen.

Kegelwerfen

Art des Spiels: Abräumspiel
Wettkampf: Einzel- oder Mannschaftsspiel
Aufgesetzte Kegel: alle
Kugeln pro Spieler: 2 in jedem Durchgang
Anzahl der Durchgänge: beliebig viele

Stellen Sie die Kegel etwas weiter voneinander entfernt auf, als dies auf der Bahn üblich ist. Trotzdem sollte es noch möglich sein, dass sich die Kegel im Fallen gegenseitig umstoßen können. Legen Sie ein Wurfmal fest, von dem aus jeder Spieler seinen ersten Wurf tätigt.

Jeder Spieler hat zwei Würfe pro Durchgang. Mit dem ersten Wurf zielt er auf die aufgestellten Kegel. Auch wenn dabei keiner fällt, ist dieser Wurf meist spielentscheidend; denn der zweite Wurf wird von der Stelle aus ausgeführt, an dem die Kugel liegen bleibt. Gewonnen hat, wer nach einer vorher festgelegten Anzahl von Durchgängen am meisten Punkten erzielt.

Bei einer anderen Wertungsmethode wird der beste Spieler jedes Durchgangs gekürt. Er erhält die Differenz zwischen seinem Ergebnis und dem der anderen Spieler als Punkte gutgeschrieben.

Variante

Eine Abwandlung des *Kegelwerfens* ist das *Kegelprellen*. Hier wird statt mit einer Kugel mit einem Kegel nach dem aufgestellen Holz geworfen. Haben Sie keinen Kegel übrig, können Sie auch nur acht Kegel aufstellen, das heißt, auf das Hintereck verzichten.

Sie werfen den Kegel vom Abwurfmal auf die Platte. Das gefallene Holz richten Sie für den zweiten Wurf wieder auf. Jedoch stellen Sie die Kegel nicht an ihrem ursprünglichen Platz auf, sondern an der Stelle, an der die Kegel mit ihrem Kopf im Gras liegen bleiben. Danach werfen Sie wieder vom Abwurfmal. Für den dritten Wurf wiederholen Sie den Vorgang in gleicher Weise.

Die Wertung

▶ jedes gefallene Holz: 1 Punkt,
▶ der König: 3 Punkte.

Wer am Ende die meisten Punkte sammeln konnte, hat das Spiel gewonnen.

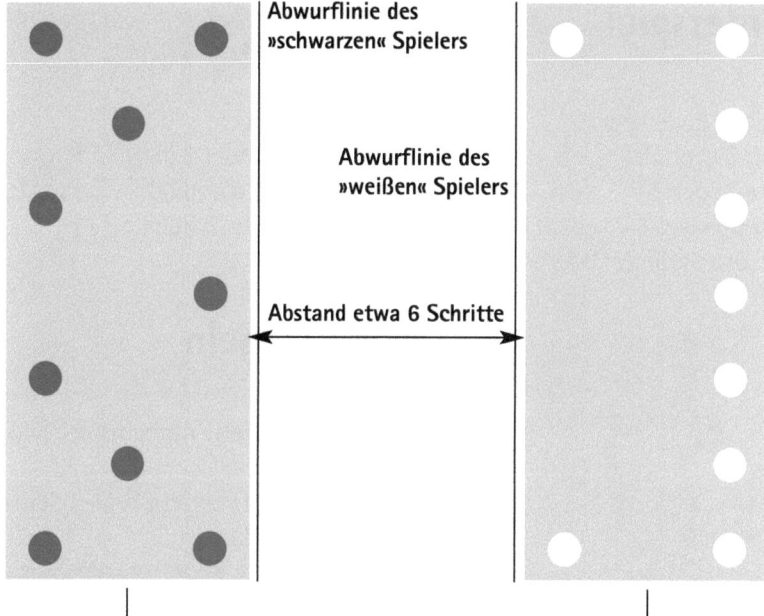

Kegelaufstellfläche mit beliebiger Anordnung der Kegel

Die schlesische Partie

Art des Spiels: Abräumspiel
Wettkampf: 2 Spieler gegeneinander
Aufgesetzte Kegel: entweder 2 x 4 oder 2 x 9
Kugeln pro Spieler: unbegrenzt
Anzahl der Durchgänge: 1

Wie der Name schon andeutet, stammt dieses Spiel aus Schlesien. Es ist ein Spiel für zwei Personen – Schwarz und Weiß – die zwei Kegelsätze benötigen. Haben Sie nur einen zur Verfügung, erhält jeder Spieler vier Kegel.
Zunächst einigen Sie sich auf Form, Größe und Abstand der beiden Kegelaufstellflächen. Diese sollten etwa sechs große Schritte voneinander entfernt sein, und jede Fläche sollte ungefähr acht Schritte ummessen.
Die Spieler stellen ihre Kegel in der Aufstellfläche nach eigenem Gutdünken auf.
Losen Sie aus, wer beginnt. Der Startspieler stellt sich an der Abwurflinie (vor seinen Kegeln) auf und zielt auf die gegnerische Aufstellung. Fällt er einen oder mehrere Kegel, darf er solange weiterwerfen, bis er nicht mehr trifft. Danach ist der Gegenspieler an der Reihe.
Das Spiel geht dann immer abwechselnd weiter, bis ein Spieler alle Kegel des anderen fällen konnte. Dafür erhält er so viele Punkte gutgeschrieben wie noch Kegel in seinem Feld stehen.

Das Fünferspiel

Art des Spiels: Bilderkegeln
Wettkampf: Einzelspiel
Aufgesetzte Kegel: 5
Kugeln pro Spieler: 1 in jedem Durchgang
Anzahl der Durchgänge: beliebig viele

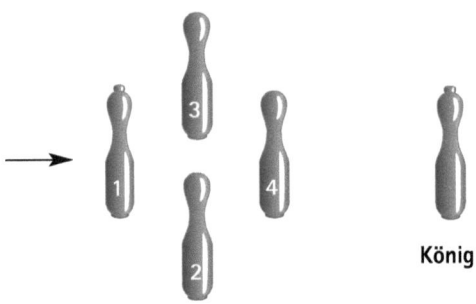

König

▶ Kegel 1, 2, 3 und König: 5 Punkte
▶ König allein: 8 Punkte

Strafpunkte:
▶ Kegel 2 oder 3 allein: 3 Punkte
▶ Kegel 1, 4 und König: 5 Punkte
▶ alle Fünfe: 8 Punkte

Ballkegeln

Art des Spiels: Abräumspiel, Bilder-, Punktekegeln
Wettkampf: Einzel-, Paar- oder Mannschaftsspiel
Aufgesetzte Kegel: je nach Spielart
Ball pro Spieler: je nach Spielart
Anzahl der Durchgänge: je nach Spielart

Statt auf alle Neune zu zielen, werfen Sie beim *Fünfern* nur auf fünf Kegel. Dieses an sich einfach zu treffende Bild erlaubt eine besondere Art der Wertung, bei der bestimmte Treffer belohnt, andere aber bestraft werden. Daher ist Ihre Geschicklichkeit verlangt, um »vorne« mitspielen zu können. In diesem Sinne ist *Fünfern* auch eine gute Übung für das Kegelwerfen an sich. Jeder Spieler hat pro Durchgang eine Kugel.

Die Wertung

Je nachdem welche Kegel fallen, erhalten Sie Plus- oder Minuspunkte.

Pluspunkte:
▶ Kegel 1 allein: 3 Punkte
▶ Kegel 1 und 2: 1 Punkt
▶ Kegel 1, 2 und 3: 2 Punkte

Stellen Sie die Kegel einen Schritt von einer Wand entfernt auf. Statt mit einer Kugel werfen Sie mit einem Handball. Jedoch zielen Sie nicht direkt auf die Kegel, sondern Sie werfen den Ball so gegen die Wand, dass er beim Zurückprallen möglichst viele Kegel umwirft.

Ballkegelspiele lassen sich nach verschiedenen Regeln umsetzen. Bei Abräumspielen gewinnt der Teilnehmer, der die wenigsten Würfe benötigt, um alle Kegel zu fällen. Oder Sie räumen gemeinsam ab. Hierbei hat jeder Spieler einen Wurf, und es gewinnt derjenige, der den letzten Kegel trifft.

Aber auch Bilderkegeln oder Punktekegeln, etwa nach den Regeln des Stammspieles (siehe Seite 17), ist beim *Ballkegeln* möglich.

Staffellauf

Art des Spiels: Abräumspiel
Wettkampf: Einzel- oder Mannschaftsspiel
Aufgesetzte Kegel: alle
Kugeln pro Spieler: beliebig viele
Anzahl der Durchgänge: 1

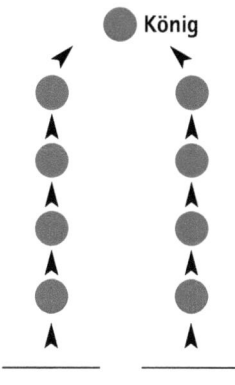

Start Arne   Start Bea

Beim *Staffellauf* kegeln Sie sich den Weg frei, um vor Ihrem Gegenspieler ans gemeinsame Ziel zu gelangen. Treffsicherheit und Schnelligkeit sind hierbei gleichermaßen gefragte Eigenschaften.
Stellen Sie je vier Kegel in zwei Reihen nebeneinander auf. Der Abstand zwischen den Kegeln sollte ungefähr drei Schritte betragen. Am Ende setzen Sie als »Kopf« zwischen beide Reihen den König. Danach legen Sie die Startmale fest.
Je zwei Spieler treten gleichzeitig gegeneinander an. Auf »Los« beginnen sie auf ihre Kegel zu zielen. Vom Startmal weg versuchen Sie und Ihr Gegenspieler die vier Kegel in einer Reihe nacheinander zu fällen. Von dem Punkt, an dem Ihre Kugel liegen bleibt, werfen Sie erneut. Haben Sie die vier Kegel Ihrer Reihe gefällt, dürfen Sie auf den König zielen.
Der Spieler, der schließlich den König zu Fall bringt, hat den Zweikampf gewonnen.

Kegeljunge

Art des Spiels: In die Vollen
Wettkampf: Einzel- oder Mannschaftsspiel
Aufgesetzte Kegel: alle
Kugeln pro Spieler: 1
Anzahl der Durchgänge: 1

Früher, als es noch keine automatischen Kegelbahnen gab, verdiente sich so mancher Schüler sein Taschengeld als Kegeljunge. Je flotter er dabei die Kegel auf die Platte setzte, umso großzügiger zeigte sich meist die Kegelgesellschaft. Und Sie können bei diesem Spiel durch schnelles Aufstellen Punkte machen.
Sie werfen von einem Mal aus auf das übliche Kegelbild. Drei Schritte hinter Ihnen lauert Ihr Gegenspieler. Im gleichen Augenblick, in dem die Kugel ins Gras fällt, laufen Sie beide los. Während Ihr Gegner der Kugel nachjagt, eilen Sie auf die Platte zu und versuchen möglichst schnell alle gefallenen Kegel wieder aufzustellen. Hat Ihr Gegner die Kugel erreicht, hebt er sie hoch und ruft »Stopp«. Für jeden Kegel, den Sie bis dahin aufstellen konnten, erhalten Sie 1 Punkt. Je kräftiger Sie also Ihre Kugel werfen, desto weiter prallt sie ins Gras und umso größer ist Ihre Chance Punkte zu machen.
Nach Ihnen wirft Ihr Gegner, während der nächstfolgende Spieler der Kugel nachjagt.

Das Kaiserspiel

Art des Spiels: Abräumspiel
Wettkampf: Paar- oder Mannschaftsspiel
Aufgesetzte Kegel: 1 x 5, 1 x 4
Kugeln pro Spieler: 1
Anzahl der Durchgänge: bis eines der Spielfelder abgeräumt ist

Beim *Kaiserspiel* wird nicht nur mit der Kugel, sondern auch mit den Kegeln geworfen. Es bietet auch für eine große Gruppe spannenden Kegelspaß.
Die Zusammensetzung der beiden Mannschaften bestimmt das Los. Die Königsmannschaft erhält den König und drei weitere Kegel. Die Bauernmannschaft übernimmt die fünf anderen Kegel.

Stecken Sie das Spielfeld ab, das nicht größer sein sollte als Sie die Kugel werfen können. Jede Mannschaft verteilt ihre Kegel nach Belieben auf ihrer Feldseite. Der Abwurfpunkt darf nicht vor der Linie der eigenen Kegel liegen.
Die Königsmannschaft beginnt zu werfen. Trifft sie einen Kegel der *Bauern*, so hat sie ihn jedoch noch nicht gewonnen; denn ein Bauernspieler darf den Kegel ins gegnerische Feld werfen, um mit ihm möglichst einen Kegel zu fällen:
▶ Gelingt dies, so ist der Kegel wieder frei. Die Königsmannschaft wirft ihn den *Bauern* zurück, die ihn an der Stelle aufstellen müssen, an der er liegen geblieben ist.
▶ Gelingt dies nicht, so stellt die Königsmannschaft den gewonnenen Kegel dort auf, wo er liegen geblieben ist.

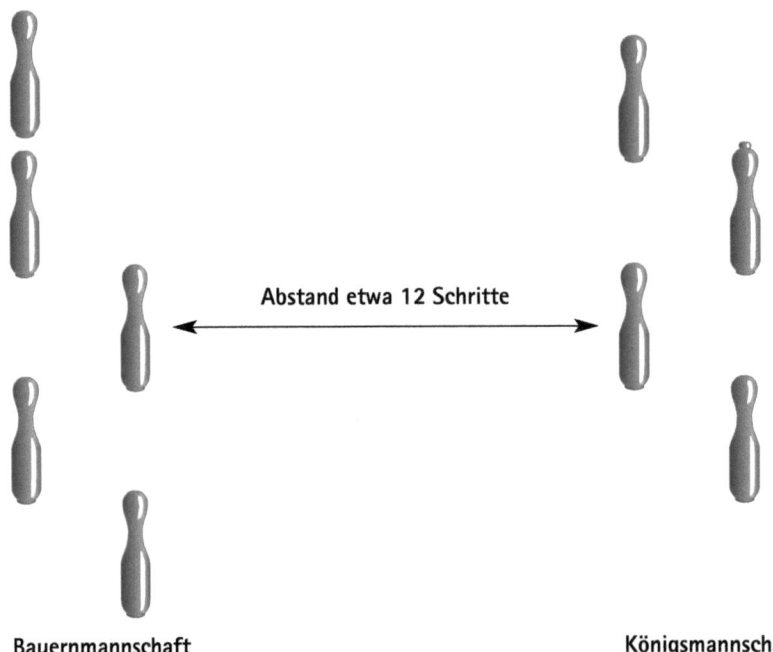

Bauernmannschaft — Abstand etwa 12 Schritte — Königsmannschaft

Jede Mannschaft darf die Kugel solange werfen, bis ihr ein Fehlwurf unterläuft. Danach kommt die gegnerische Mannschaft an die Reihe. In dieser Weise spielen die Teams abwechselnd, bis eines seinen letzten Kegel verloren hat.

Tandemkegeln

Art des Spiels: Abräumspiel
Wettkampf: Paar- oder Mannschaftsspiel
Aufgesetzte Kegel: alle; der Abbildung entsprechend
Kugeln pro Spieler: abwechselnd immer 1
Anzahl der Durchgänge: bis 1 Mannschaft alle Kegel verloren hat.

Auch beim Tandemkegeln kämpfen zwei Mannschaften um die aufgestellten Kegel. Durch geschickte Würfe kann ein Team sich verlorene Kegel zurück erobern.

Stecken Sie die Spielfläche so ab, wie es die Abbildung zeigt. Die gegnerische Figurenaufstellung besteht für jede Mannschaft – jeweils von ihrem Standpunkt aus gesehen – aus dem Hintereck und den beiden hinteren Damen. Die beiden Gruppen stehen einander gegenüber, zwischen ihnen sind die Kegel aufgebaut. Entscheidend für Sieg oder Niederlage ist, welche Mannschaft der anderen zuerst die drei Kegel aus dem Feld schlägt. Beide Mannschaften werfen abwechselnd immer eine Kugel auf ihr Ziel:

▶ Fällen Sie einen gegnerischen Kegel, ist dieser erobert und wird aus dem Feld genommen. Dabei umgeworfene eigene Kegel stellen Sie wieder auf.
▶ Treffen Sie einen Kegel des neutralen Feldes, so fordern Sie hierfür einen Kegel zurück, den die gegnerische Mannschaft von Ihrem Team erobert hat.
▶ Besitzen die Gegner keinen Kegel ihrer Mannschaft, nehmen Sie den neutralen als Pfand, um ihn später gegen einen eroberten

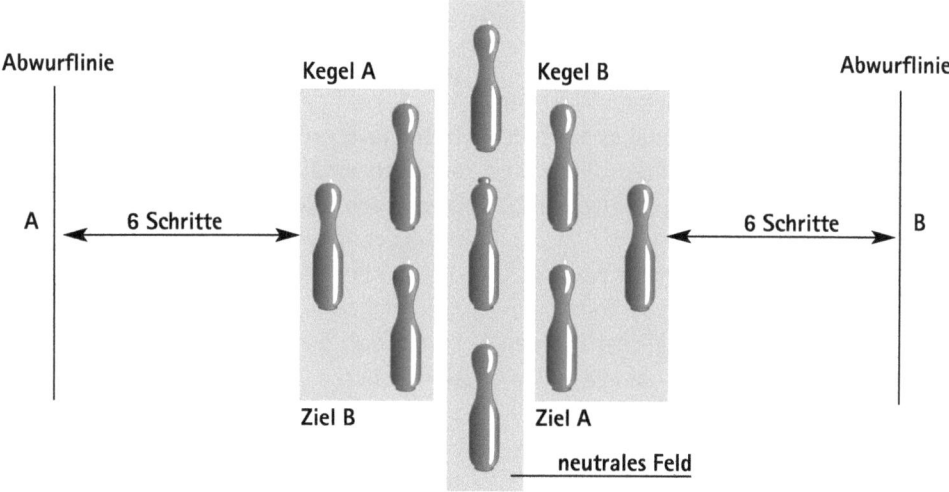

Kegel einzutauschen und an seinen Platz zurückzustellen.

So schwächen Sie den Gegner durch gezielte Würfe und durch einbehaltene Pfandkegel. Die Mannschaft, die keine eigenen Kegel mehr besitzt, hat noch einen Wurf, um einen Kegel im neutralen Feld zu treffen:
▶ Steht dort keiner mehr, muss die Gegenpartei einen ihrer drei Pfandkegel hierfür abgeben.
▶ Fällt zuzüglich zu einem neutralen Kegel auch ein gegnerischer, so ist dieser erobert.
▶ Wird der neutrale Kegel nicht getroffen, hat die Mannschaft das Spiel verloren.

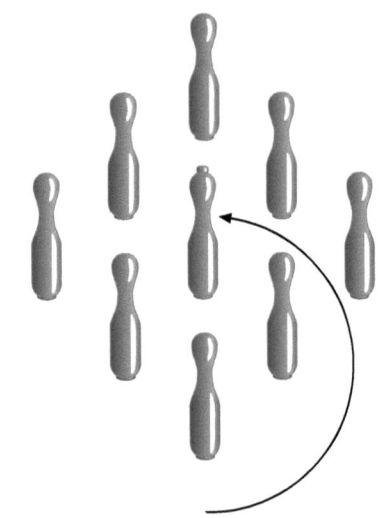

König schlagen

Art des Spiels: In die Vollen und Bilderkegeln
Wettkampf: Einzel-, Paar oder Mannschaftsspiel
Aufgesetzte Kegel: alle
Kugeln pro Spieler: 3 in jedem Durchgang
Anzahl der Durchgänge: 3

Beim *König schlagen* ist Ihr letzter Wurf der alles entscheidende. Doch damit es am Ende nicht »Spitz auf Knopf steht«, sollten Sie auch bei den Würfen davor nicht allzu leichtsinnig sein.
Sie stellen die Kegel in gewohnter Weise auf. Danach werfen Sie dreimal in die Vollen, wobei es darauf ankommt möglichst nur den König zu fällen. Denn jedes andere umgeworfene Holz zählt 1 Minuspunkt. Ein gefallener König aber befreit Sie von Ihrer aufgelaufenen Schuld.

Die Wertung

▶ Für jedes gefallene Holz: 1 Minuspunkt
▶ Für jeden Fehlwurf: 9 Minuspunkte
▶ Der König allein: alle Minuspunkte tilgen
▶ Der König zusammen mit anderen Kegeln: alle bisherigen Minuspunkte streichen, jedes mit gefallene Holz zählt jedoch doppelt minus

Variante

Treten zwei große Mannschaften gegeneinander an, erhält jeder Spieler nur eine Kugel. Sobald alle Spieler einer Mannschaft einmal geworfen haben, ist ein Durchgang beendet und die erzielten Minuspunkte werden angeschrieben.
Es ist klar, dass bei dieser Spielweise die schwächeren Teilnehmer zuerst werfen, während die zielsicheren Kandidaten gegen Ende des Durchgangs versuchen, die »Scharten wieder auszuwetzen«.

Adressen

Wer über das reine Freizeitvergnügen hinaus das Kegelspiel zu seinem sportlichen Steckenpferd machen möchte und sich einem Sportkeglerverein anschließen will, kann die Anschrift eines entsprechenden Vereins in seiner Nähe bei den rechtsstehenden Landeskegelverbänden erfragen:

Deutscher Keglerbund e.V.
www.kegelnundbowling.de

Österreichischer Sportkeglerbund
www.oeskb-kegeln-bowling.at

Schweizerischer Sportkeglerverband
www.sskv.ch

© 2013 Matthias Mala, München
Alle Rechte sind vorbehalten.
www.mala.eu
ISBN 978-3-7322-3251-2

Herstellung und Verlag:
BoD Books on Demand GmbH, Norderstedt
www.bod.de

Layout:
Lohse Design, Heppenheim
www.lohse-design.de

Umschlagsgestaltung:
Gabriel Nemeth, Graphik Design, Passau
www.nemethstudio.de

Titelfoto:
Patrick Seeger, Freiburg
www.patrickseeger.de

Printed in Germany